大展好書　好書大展
品嘗好書　冠群可期

大展好書　好書大展
品嘗好書　冠群可期

心靈雅集 84

扭轉一生的正能量

法信居士 主編

大展出版社有限公司

前　言——扭轉乾坤的魔棒

一句話，一則故事，往往足以改變一個人的一生，使之由悲觀變為樂觀，由消極變為積極，由失望變為奮鬥進取。

本書蒐集的故事，目的就在向讀者提供足以改變您一生的素材。裏面包括了三大內容：

①日常生活中動人的真實故事。

②處事待人不可少的各種啟示性題材。

③世界名人值得咀嚼再三的軼事。

它的特點是：

（一）每一則故事只要花五分鐘左右就可以看完（或說完），讀者可以選自己感到興趣的題目來看或說，不必拘泥於它的順序。

（二）從小學生到博士，不分階層，人人可讀，涵蓋性極廣。

（三）每一則故事，只要善為運用，都可以在各行各業的經營、管理上，發揮無比的威力。

（四）為人父母者選出適合的故事，說給兒女聽，一定產生很好的教育作用，使兒女及早接觸人的光明面。

（五）老師選出適合的題材說給學生聽，必能啟發他們的心智和處世待人的方法。

（六）工商企業的幹部可以拿這些故事，利用各種聚會（早會、會議）向員工有所開導，造成更和睦的人際關係、更奮進的工作氣氛。

（七）經常翻讀，將在人性的開發、潛力的發掘、自我的管理上，比別人高明一等，更能增加信心，助您變為一個思慮深厚，話題豐富，卓然有成的人物。

本書的每則故事，已經整理成「照說無妨」的形式，只要善加運用，可以隨時隨地，在各種場合，發揮驚人的效果。為讀者帶來積極，有意義，富於希望、色彩、幸福的人生。

佛曰：「人生究竟有多長，人生就在你我之間。」

人活著，最重要的就是心情，活在這個世界上，要敢於承擔，敢於面對，被人誤解時淡然一笑，不必解釋太多。去了解別人的感覺、想法，自然會更瞭解自己。

人，因為感恩，才會珍惜。

人，因為珍惜，才會滿足。

人，因為滿足，才會幸福。

但願各位讀者從本書中的每則故事，獲得「謳歌生命的樂譜」，「改變一生的天啟」；拿它說給別人聽時，也能產生莫大的影響。若能進而產生多方蒐集此類賦予生命「熱」和「光」的故事，活用於各種機會，那就是編者望外之喜了。

法信居士　謹識

目錄

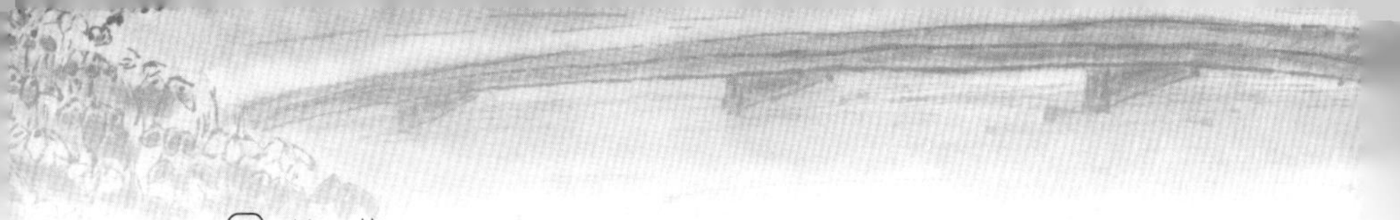

1. 一寸光陰一寸金

——我們還能活一萬天而已

有一天，賴先生到南部旅行。旅行是他最大的樂趣，除了可以觀賞各地的名勝古蹟，還可以接觸到很多人，有些遭遇或見聞，往往成為他深見人生意義最好的題材。

這一天，他也遇到一件值得銘記於心的事。事情是這樣的。

他在自己的座位上，不經心地欣賞窗外飛駛的景色時，忽然聽到前座的乘客在談論的話。他們是二十四、五歲左右的兩個青年，瞧他們的打扮和說話的樣子，似乎是大學生。

他們交談的內容是這樣：

「喂，那一天我忽然想到一件事，覺得很有趣，我相信那是你想都沒想過的事。」

「噢？什麼事？說來聽聽吧。」

「一年不是有三百六十五天嗎？十年就三千六百五十天，三十年就一萬天又多一點，是不是？」

「提這種算術幹嘛？又不是小學生。」

「咦？這個數字可含有玄機呢！」

「什麼玄機？你快說吧，別賣關子好不好？」

「我的意思是說，我們到目前為止，還沒活到一萬天呀。」

「嗯……十年是三千六百五十天，二十年是七千三百天……三十年是……，不錯，我們還沒活到一萬天。」

「所以呀，我就忽然想到，每一天都覺得很寶貴，怎能隨便浪費呢？」

「這麼說，以目前的平均年齡來講，假設一個人可以活個七十五年，頂多只有……我算算看……只有兩萬七千三百七十五天啊！」

「也就是說，我們還只能活一萬多天而已，你覺得怎麼樣？」

「這……如此一算，我突然覺得每一天都變得太寶貴了，的確，這個數字真叫人大有徹悟之感呀。」

「就是說嘛，一想到這，你能不好好把握每一個日子嗎？」

賴先生聽了這一段話，心裏也不免起了衝擊。人人曉得壽命有限，但是，總覺得那是遙遠的事，好像跟自己漠不相干。如果把餘年多少，化成天數來想，而不是幾十年來想，只能再活一萬多天的事實，就讓人覺得大吃一驚，而且一天一天給消去的日子，就突然變得珍貴無比了。

一萬天也好，兩萬天也好，這些日子是一去不復返的，任你財大勢大，也無法買回來。

一般人過日子，卻當做時光好像可以買什麼商品那樣，隨時可以買回來，或是像借錢那樣，可以逢人便借，過得毫無計畫，任其流逝而昏然不覺。

你的一生，還有多少天？不妨算算看，然後，趕緊擬定如何把每一天過得充實、有意義的計畫吧！

我們常說「光陰似箭」來比喻人生的短促，我們只要看看日常的事實，誰不感嘆人生如戲呢？

《四十二章經》說：「人命在幾間？對曰：呼吸之間。」

人的生命實在太微妙了，既可以十分渺小也可以十分偉大。人活在世上的時間確實很短暫，我們要把一天當做生命中的最後一天來過，這樣生活才有意義。

【正能量感悟】

活著一天，就是有福氣，就該珍惜。人要學會自己照顧自己，自己激勵自己。不要浪費時間，因為人生就是由時間所構成的。

2. 信任之用

——有價值的藝術品都集中到他手中

Y美術館是美國某富翁捐獻給政府的建築物。這個美術館，陳列了數千種珍貴的藝術品，都是Y氏當年費一生的時光蒐集來的。

據說，當年的Y氏，只要古董店帶來的藝術品，若是有價值的東西，從不討價還價。由於如此爽朗，很多惡劣的古董店就拿假貨去騙他的錢。但是，只要帶藝術品去，Y氏都會買下來，所以，風聲一傳，真正有價值的藝術品，也都集到Y氏手中。

這種不拘「細小」的豪放磊落作風，不只是在藝術品的蒐購，在待人處世上也值得學習。

俗語說，知人不知心，所以，很多人都怕受騙，見人就警惕在心。這種防人之心，看似聰明不過，事實上，卻給自己帶來莫大的損失。其實，世界上的壞人，畢竟微乎其微。就為了微乎其微，事實發生了才傳為大新聞。

孔子曰：「人之初，性本善。」善良是人性光輝中最溫暖、最美麗、最感人的一縷。

我們應該相信，社會上的絕大多數，是守分、守法的好人，大可不必見了那一類壞人的消息，就大嘆世風日下，而對人生感到悲哀。為了些許例外的人，而對所有的人疑而不信，就算不容易受騙，但是，進一層去分析，你當發現由此而來的損失，卻超過千百倍。

總而言之，以信任的態度去接觸別人，得到的好處，就像Y氏蒐購美術品那樣，必然受益無窮。不被詐騙的警戒心，勢必使一個人成為消極、否定、悲觀的想法。徹底去相信別人，我們就變成處世積極、肯定、樂觀的人。差別只在這一念之間而已。

《無量壽經》說：「廣植德本，勿犯道禁，忍辱精進，慈心專一。」善良的人，以善對待所有的人，其人生收穫都是恩情與感激，幸福就會環繞這些人。

【正能量感悟】

善待他人，就是善待自己。保持一顆清澈透明的心，就像一盞明燈，既照亮了周遭的人，也溫暖了自己。

3. 我回來了！

——破天荒的作為帶給一家人溫暖

李先生是一位做事挺認真的人，在公司，總是勤奮工作，很受上司和同事的信賴。

他對待家人也蠻不錯，就有一樣，平時對家人很少自動開口。上班的時候，默默地走出家門，回家的時候，也默默地進來，從來不自動跟家人打個招呼什麼的。離去時悄悄，回家也悄悄地，就跟一陣風的來去並無兩樣。

一天，他參加某個顧問公司舉行的研究會。當時，一位講師說了這一句話：「一個人，如果在家庭的人際關係做得不好，心情難免有陰濕的一面，這種陰陰鬱鬱的氣氛，就隨著他給帶進工作場所。所以，我們甚至可以說，使工作場所的氣氛不明朗的元凶，就是你自己！」

這句話，是講師對著在場的每一個人說的，但是，李先生聽來卻覺得好像是針對自己而發的。

講師那句話，就像一把利刃那樣，直刺進他的心。他私自下了決心：「好吧，從今天開始，我一回家就跟老婆打個招呼，別再像以前那樣默默地進家門了……」

他想到做到，當天晚上，一踏入家門就拉起嗓子，宏亮地說了一聲：「我回來了！」

這是從來沒有的事，害得李太太嚇了一跳，以為來者是誰，定睛一看，原來是她的先生：「是您呀，我還以為是誰呢？快脫下衣服，換便裝歇一下吧。」

李先生又笑嘻嘻地補了一句：「妳今天看來好漂亮噢！」

李太太又是一驚：「您是怎麼了？我還不是天天都是這副模樣？快換衣服吧！洗澡水已經準備好了。」她嗤嗤地笑著走進裏面去了。

李先生通常在洗澡之後就邊吃飯邊喝酒，由於酒量大，常常挨太太的罵。李太太不是說：「噯喲，別喝那麼多了好不好？」就是說：

「也不想想一個月賺多少錢，就懂得猛喝，真是的。」

今天的她，卻跟以前大不相同，先生不斷地喝，她也不斷地為他斟酒。

李先生自己也覺得喝得太多了，自動地說：「好了，我已經喝夠了，別再斟酒了。」

這可是破題兒第一遭。就沒想到太太卻勸說：

「再喝一些好不好？」

她這樣自動加酒，也是破天荒的事。李先生心裏著實吃了一驚。一句略表關懷的話，竟然發生了這麼效果，實在是他做夢也沒想到的。

所謂「萬般由心不由人」，我們的生活能否平安舒適，可說取決於「一顆心」的覺醒。人生在世，好命、壞命並不是上天注定的，而是依據個人的心性與行為來決定他的好、壞命。

【正能量感悟】

悲觀也好，樂觀也罷，歸根究底即是「觀點」的改變而已。所以，請記住，「觀點改變命運，選擇決定未來」。命運操在你手中。

4. 父　愛

——你也是爸爸的孩子啊

林春樑的家有三個兄弟，他排行第三，是個老么。

二個哥哥的學業成績都很不錯，個個都畢業於一流大學。家裏的環境相當好，不愁吃，不愁穿，可是不知怎麼搞地，只有林春樑沒考上大學。

為了準備下年度的大學入學考試，他進了補習班，就在那一段期間，他變得不學好，跟不良少年為伍，經常惹出麻煩，使父母和哥哥為他感到頭痛欲裂。

某一天的黃昏時分，管區的警察打電話來說，春樑又惹了事，請家人到派出所一趟。

母親和二個哥哥急忙地到了派出所。警察先生訓他們說：

「我們說過了幾次，要你們家長好好管教他，怎麼老是沒效呢？這次，他又惹了事，太不像話了，下次再發生這種事，我們可要依法嚴辦了，請把他帶回去好好訓一頓吧！」

一路上，大家都默默無言，可是，一踏進家門，大哥的怒氣已經忍不住了，他吼了一聲：

「你這個浪蕩小子，到底要說幾次才會改過自新？家裏出了你這麼不爭氣的人，害得大家在鄰居面前都抬不起頭來，今天，非狠狠教訓你一頓不可……」

話未說完，就朝春樑一個巴掌打下去。誰也不阻止大哥訴之拳頭的行為。

以前，遇到這個場面，母親總是出面勸止，今天，她實在也忍無可忍，口出厲言，罵他說：「家裏如果沒有你，可就安寧多了，你呀，到底是誰投錯了胎，到我們家來惹事生非呢？唉！」

二位哥哥也你一句我一句地大事開罵，一時，聲震屋瓦，如臨大難。一向為了工作而晚歸的父親，正巧在這時候回了家。他看到大夥朝著春樑大吼大罵的情況，不免大吃一驚。

「怎麼一回事？嚷得那麼大聲，成什麼體統呀？」

大哥唯恐不及地告狀說：「爸爸，春樑他又惹事了。」

「惹什麼事了？」

大哥把事情的經過一五一十地說出來。父親靜靜地聽完後，隔了一會就說：

「我知道了，這件事就交給我吧。」

聽父親這麼一說，大家只好由他，陸續離開了玄關口的房間。

當剩下了兩個人，父親突然緊握住春樑的手，語出肺腑地說：

「春樑，人生有很多波折，也會發生很多事情，但是，可別忘了你也是爸爸的孩子呀！」

經父親這麼一說，春樑就淚落如雨，嗚咽著說：「爸爸，我錯了，我再也不惹事生非了。」

父親安慰地說：「那就好，別哭了，快回去書房用功吧。」

從此以後，春樑就不再跟那些不良少年聚眾結黨，為非作歹了。

現在，他已經畢業於一流大學，成為一個標準的企業人，孜孜工作，大事活躍，甚受上司的器重，前途一片錦繡。他比任何人都尊敬他的父親。

眾生都有善根之「機」，面對機緣應該隨機施化，不能勉強，也不能逃避。每一個人都具有佛性，只是覺悟有先後之分。社會上有人在年輕時出於一時衝動做出了違法犯罪的事，但這並沒有斷絕他們向善的路。所以不要對他們岐視，只要他們改過自新了，就應該對他們平等看待。

【正能量感悟】

做事適可而止，不可憑一時之勇氣，逞一時之快，無端讓身心消耗太多，損傷自我，卻不自知。

5. 母　愛

——千元大鈔失蹤事件

蔡碧雲女士是個家庭主婦。夫妻兩跟三個孩子，一家五口，一向過著不夾雜外人的安寧日子。

一天，她的先生問她：「我皮夾裏的一張千元大鈔，妳是不是拿去用了？」

「千元大鈔？我連摸都沒摸過您的皮夾呀！」

「這就怪了，明明少了一張千元大鈔。」

「您是不是記錯了？」

這是三天前他們夫妻之間交換的一段話。

丈夫的話使她想起今年讀國一的次子，最近，好像買了不少玩的東西，態度也變得動不動就頂嘴。

她覺得事有蹊蹺，所以一天晚上，趁大家都睡著的時候，偷偷去查看次子小寬的皮包。

她心裏一直祈願自己的猜測不至於成真。

可是，她的祈願給無情的事實粉碎了，她從次子放公車月票的塑膠小袋，發現了好幾張百元鈔票，這個發現，使她頓覺天旋地轉，眼前發黑。

她的家，從沒發生過這種事，所以，她所受的衝擊可真是大到無語形容。

她不知如何處理這件事，只好把這個發現，偷偷告訴了丈夫。

丈夫一聽，答了一句：「居然做出這種事！」

他臉色大變，可見心裏所受的打擊也不小，他又說：

「這個年紀的孩子最容易變壞，處理得不好反而弄巧成拙，還是暫時不追究的好。」

夫妻兩人一時也想不出什麼對策，只好靜觀發展。

蔡女士除了丈夫以外，不能把這件家醜說給別人聽，所以，一直把這件事放在心裏，一連失眠了好幾夜。在束手無策之下，一天，她毅然決然地跑去找一位朋友。

這個朋友，經常參加兒童教育講座，對處理小孩的種種問題，似乎很有一手，她就跑去找她，想從她那裏獲得解決問題的方法。

那位朋友很熱誠地向她提供了一些處理上的細節方法。譬如，她說：

「絕不能當面就斥責他說：你拿了爸爸的千元大鈔，是不是？」

「最好採用一對一的交談。」

「以彼此商量的方式交談。」

「心裏絕不能抱著可恨的想法，如有可恨的想法，乾脆不提這件事。」

「要以最大的愛情去包容他……」

蔡女士回家之後，為如何具體地實行這些方法，簡直是絞盡了腦汁。

一天晚上，先生因公差而不歸，讀高中的長子，到了一位前輩的家，讀小學的女孩，到鄰家玩去了。她認為機不可失，於是，進去次子的房間。

他正在彈吉他，她一進去就若無其事地問他：

「你彈吉他的技巧比以前好多了啊！」

次子一聽母親的讚語，反而頓顯緊張，神色之間起了「要來的終於來了」那種表情。

「你什麼時候練得這麼進步了？」

次子默不答腔。她有點尷尬，但是，話已出口，只好順水推舟地說下去：

「小寬，進了國中要買的東西一定比以前多了，是不是？爸爸說過，可以每月再給你增加零用錢。」她又指著桌上那些他新買的東西說：

「這都是最近買的吧？你真會支配零用錢，同樣的錢就能做最有效的使用，真不錯，不過，可別一下子用光了。你是不是還想買什麼東西？」

她極力按住急不可待的心情，溫和地向他說話，這一來，孩子似乎心緒輕鬆了許多，開始回答她的話了。

她一心要孩子成為一個誠真、善良的人，所以，不敢發脾氣，不敢當面指斥他的不是，就這麼耐心地繞彎說話的當兒，她越想越覺得過去的教育方式大錯特錯，否則，孩子怎會偷爸爸的錢？

現在，又要如此繞彎跟他說話？想著，想著，她就覺得自己太可憐，不禁悲從中來，淚珠紛落。

次子一看母親簌簌落淚，也忍不住哭了出來，說了一句：

「媽，我錯了，請您原諒我。」

「怎麼了？」

「我……我偷了爸爸的錢。」

「哦？需要錢大可說出理由，向爸爸要呀，沒關係，這次的事我會向爸爸說明，你也別難過了。」

發生這件事之後，小寬就又恢復原來有說有笑，活潑開朗的個性了。

壇經曰：「菩提般若之智，世人本自有之，只緣心迷，不能自悟，須假大善知識示導見性。」

每個人，路都得自己走，是人就有作為人的缺點和優點，是人就會有些許的毛病。所以，看問題或說話之前，要先考慮有沒有將別人錯位。是否將別人從人的位置拉到出塵聖人的位置。

【正能量感悟】

毀滅人只要一句話，培植一個人卻要千言萬語。當你勸告別人時，若不顧及別人的自尊心，那麼，再好的言語都沒有用。所以，無論做什麼事，都不能墨守成規而必須因勢利導。

6. 賢相的條件

——孟子高興得睡不著覺

孟子聽到他的門生——樂正子當了魯國的宰相時，說了一句：

「這件事使我高興得睡不著覺了。」

他的另一個弟子——公孫丑，聽後心裏發疑，問孟子說：

「樂正子是個意志剛強的人？」

「不。」

「是智慮奇特的人？」

「也不。」

「那麼，必是一位學識廣博的人了？」

「並不。」

「弟子剛提的，是所謂的政治家三大條件，聽老師的回答，他並不具備這三種條件，如今，他卻當了宰相，這樣的人，怎麼值得老師您高興得睡不著覺呢？」

孟子面浮笑容，解釋說：

「你呀，只知其一，不知其二。樂正子的確沒什麼傑出的條件，但他是個聞善言而樂的人。他是打心底如此，這就是他可貴的地方。可要知道，一個宰相如果特別喜愛善言和善行，消息一出，天下賢人，不都是『不遠千里而來』，向他獻出糾正時弊的種種方策。我敢說，只憑這一點，他就有辦法把魯國治理得好好的。想到這，怎不叫我高興得睡不著覺呢？」

《雜阿含經》說：「此有故彼有，此生故彼生；此無故彼無此滅故彼滅。」

世間萬物不會憑空產生，也不會憑空滅亡，都有其存在的因果。每個人付出的努力程度不同，收穫的自然也會不同。認識別人是一件非常困難的事，很多人只看到了別人的表面。

每個人都有自己的長處，依心而行，做最真實的自己。

【正能量感悟】

我們沒有必要太在乎別人給予肯定或否定。俗話說：「誰能知道能吃幾碗飯。」我們需要的是自己對自己的肯定，也就是自信。

7. 健康的秘訣

——亨利．福特的信條

汽車大王亨利．福特（Henry Ford 一八六三～一九四七），出身於農家，一代之間，發明汽車，建立大量生產的制度，成為世界屈指可數的富家。

福特日常的健康秘訣是：適當的運動、吃得八分飽、呼吸新鮮空氣。

平時，他過的也是極其簡樸的生活。他的外形，瘦得像一隻白鶴，但是，身體卻極為健康。即使是朔風刺骨的嚴冬季節，他總是不穿外套，東奔西跑，從不以為苦。

一天，他在要人們群集的聚會上，遇到一位在某大企業當董事的朋友。

這位長得胖嘟嘟的朋友，衝著福特嘲笑說：

「喂，福特老兄，瞧你，瘦得像一支竹桿，人都快餓死了似的，不要只顧增進公司的效率，把寶貴的生命都搞丟了，那多划不來。多吃些東西，還可以多活幾年呀！」

「增進效率」，是福特的公司當時一路揚幟的「經營方針」，在企業界無人不知。

福特答說：

「謝謝您如此關懷我的健康。老實說，到目前為止，我雖然瘦巴巴的，倒從來沒麻煩過醫師。我在市鎮也經營一家醫院，所以，有時候也得去巡視一番。每次看到一些為了飽食過度而給送進開刀房的，全都是像您這種胖嘟嘟的人咧。」

散會之後，福特拉住這位胖朋友說：

「我讓您見識見識健康的秘方，跟我到寒舍一趟，好不？」

福特不由分說地把那位朋友帶到家裏的壁爐邊。

壁爐上面的牆壁，掛了一張刻了如下字眼的扁額：

「親自砍柴，你就加倍感到身暖。」

一般人如果家境稍微轉好，就在衣食住行方面的享受上大動腦筋，敵不過這種物質上的誘惑，這可說是人性弱點之一，他們不曉得安逸會造成「自掘墳墓」的悲劇。

大富豪福特，財產無數，卻能力行「適當運動，吃要八分飽、呼吸新鮮空氣」的健康秘訣，富而若此，實在值得效法。

人家結婚了，你為什麼結婚；人家有孩子了，我是不是也應該有一個了。人們常被一般的生活模式所左右，從而從自己變成了一般人的生活，既無奈又不如意。不經意地，我們都受一般人的生活模式所左右。

《壇經》說：「謗信永無迷，莫學駛求者，終日說菩提。」

每個人都有各自的追求，聲色財氣、功名利祿，無一不是障礙。請多用心去傾聽別人怎麼說，不要急著去表達自己的看法，人之所以會痛苦，即在於追求錯誤的東西。

【正能量感悟】

心不自在，失去自己。不自在，自己已不在。自在，就是完全能自控，做得了自己的主人。

8.解聘的原因

——洞若觀火的人物鑑定法

由一個平民，起而闖天下，終於爬到位極人臣地位的日本武將豐臣秀吉（一五三六～一五九八年），善於識才，提拔了不少大人物。他的手下，名將如雲，其中他最信任的是蒲生氏鄉。在「小田原戰役」之時，蒲生的表現異常突出，因而被破格提拔，封為「會津藩」的藩王。

蒲生並不辜負豐臣秀吉的期待，在會津藩大施仁政，政績卓著，遠近傳頌。有一次，蒲生招聘一個浪人。只看他的外表，這個浪人的確一表人材，似乎很可以派上用場。

哪知，不出半年，蒲生就把他解聘了。說是解聘，是好聽了些，事實是形同趕他走路。

那個浪人，究竟是什麼地方出了皮漏，才給蒲生炒了魷魚，並沒有人曉得，這件事就成為大家茶餘飯後的話題。

蒲生的一個家臣，實在憋不住這個問題，逮住了一個機會，問藩王為什麼把他解雇了。

蒲生的回答是這樣的：

「他呀，也不是犯了什麼很大的過失。我是在觀察他一段時期後，發現他的行為令人不齒，才把他趕走的。第一次見他的時候，他對我滿口的巴結話，第二次見面的時候，向我大讚跟他要好的同僚。到了第三次，他的膽子就更大，居然大事數落跟他合不來的人。我想到，下一次，他很可能大吹自己有多大的本事。一想到這，我就覺得這個人實在沒什麼可取的地方，所以趁早把他解聘了。」

俗語說：「好便宜者，不可與之交財；多狐疑者，不可與之謀事。」

浪人打算分三個階段向蒲生「推銷自己」，不惜使出花招，而蒲生能夠洞若觀火，識破浪人的用意，可說是鑑人有術了。

《八大人覺經》說：「少欲無為，身心自在。」人如果能夠少欲少求，身心自然可以自由自在。

人之所以「貪」，是因為對自身的不滿足，不滿足就會不擇手段地去獲取。

【正能量感悟】

人與人之間，言語可以讓人舒服，但讓人信服的，一定是你的人品。做人，就要做一個讓人放心的人，你傳遞給對方的信賴與真誠，將相互成就彼此溫暖。

9. 融洽無間

——沒有父親架子的修曼

修曼（Robert Alexander Schuman 一八一〇～一八五六年）是德國頗具盛名的作曲家。

他是浪漫派音樂的代表性人物，留下了很多傑出的交響樂曲和鋼琴曲。

他是特別疼愛子女的人。只要事涉子女，即使忙得分身乏術，他總是和和氣氣待他們，從不愁臉相向，或是怒容相向。

一天，修曼跟他的朋友瓦修列夫斯基在街上散步。他發現自己的愛子——哥星，跟一群小傢伙迎面走過來。哥星一見父親就喜不自勝地跑到他身邊來，向父親伸手。修曼也連忙伸出手來跟他握手。瞧他們那副模樣，很像他們原是互不相識似的。

「午安，你近來可好？」修曼先開口問說。

「他可是你朋友的小孩？」站在修曼身邊的瓦修列夫斯基問說。

修曼正經八百地答說：「是啊，我跟他的家人熟得不得了。」

父子兩人就在路邊抱在一起，大笑起來。

父子間的關係融洽到這種地步，著實不簡單。

一般做父親的人，意識著自己是孩子的父親，所以，很容易搬出父親的「權威」來壓服子女。不少問題子女就是在這種情況下產生，普天下的父母，該向修曼的作為，有所學習。

《壇經》說：「心平何勞持戒？行直何用修禪？」。指出心性如果平等無差別，又何必執著於戒律？心念和行為若是清淨無染，又何必一定要去參禪？

二千多年前，自佛陀靈山會上拈花，大弟子迦葉微笑，自此就有了迦葉與佛陀之間的「心心相印」之說。禪宗法脈也由此心心相印而得以傳遞。

人與人之間，最美的是心靈的擁抱。兩個時空下的陌生生命，有朝一日的相遇，卻發現彼此，觀點一致，見解相同，沒有任何勉強，判若一人，這就是心靈的擁抱。

生命裡有一種愛叫做有緣無分，也叫做無能為力。這一種「無緣」的愛，今生不在一起的緣分，會一輩子如影隨形，有如心靈的擁抱，超過身體的擁抱，穿破時空，穿破虛空。

【正能量感悟】

人們最幸福的結合，莫過於愛人且被人愛，因為愛人與被人愛，都是無上愉快的事。愛是出於善良的本性，愛是無條件的。

10.守時終生

——哲人康德起床不要叫第二聲

德國大哲學家康德（I mmanue kant 一七二四～一八〇四），活了八十歲，窮其一生，奉獻於哲學的思索。他終生未娶，也絕少旅行，更沒有所謂的交際。

他每天走出樸實無華的書房，徒步到大學，忙於他哲學的研究，生活規律，不曾稍改，真正做到「數十年如一日」。

他對「時間」的控制，有如一個科學家，分秒不差。

他每天必在早晨五時起來，晚上大約在十時就寢。

這個嚴格的規律，他始終嚴守不渝。在一般人來說，別說數十年，連數個月恐怕都做不到，但是，康德嚴於控制時間的習慣，終生如此，這就不容易了。

每天早晨，五時將到，他那位忠實的僕人——蘭比，就及時出現在他床頭，催說：

「大爺，起來的時間到了。」

只要一聽蘭比這樣喊他，即使前一天晚上因急事而深夜始睡，他總是一躍而起。

康德經常拿這件事誇說：

「我說呀，蘭比，跟你生活在一起，少說也有三十年了，我就從來沒讓你叫我第二聲才起床，對不對？」

這句話，一點也不假。康德還有一個習慣——每天下午三時，必定散步到街上。

這個時刻，他也守得分秒不差。這就產生了一個有趣的現象：

街上的行人也好，店舖的老闆也好，就不信任街頭那時停時走的時鐘，看到康德走過，才連忙對準自己的錶。

也就是說，康德這位大哲學家，居然扮演了活動的，絕對準時的「標準鐘」這個角色了。

康德的偉大，就是植因於這種「嚴守生活時間表」的精神。

世人許多人做事總缺乏耐心，隨時想放棄，或稍覺無趣，便想跳槽換工作。他們對事物不能專心一致，信念飄盪搖擺，無法貫徹到底。

《壇經》說：「外無一物而能建立，皆是本心生萬種法。」就是世間沒有任何事物可以離開自性而存在，世間一切萬物都是由自性產生的。

信念，多半都是靠自己，如果意志堅定，立場明確，就會有堅定不移的信念。為理想、為幸福，堅定自己的信念是值得的。

【正能量感悟】

一個最成功的人，能完全控制自己；具備超強自控能力的人，會在任何情況下變得自在，不會受外在的任何干擾。

11. 謙和的君子

——柏拉圖平易近人的風範

蘇格拉底（Sorrates 四七〇?～三九九ＢＣ）是古希臘時代的哲人，他是西洋倫理思想之父。

他的得意門生——柏拉圖（peaton 四二七～三四七ＢＣ），周遊各國，回到雅典，創立——arademeia（柏拉圖學園，建於雅典郊外的學園）。

當時的柏拉圖，名聲遠播，在希臘可說是無人不知的大哲學家。

某一年，柏拉圖到奧林比亞（Olympiad，古時候舉行奧林匹克運動會的地方），為了參觀四年一度的祭典而投宿於一家客棧。

四年一度的大祭典，盛況是可以想像的，自然就吸引了不少外地的觀光客。這家客棧因而住進了不少旅客，人來人往，雜沓異常。

柏拉圖外貌溫和，舉止斯文，跟初見面的人都很隨和，一點也沒有大學者的臭架子，加上說話的時候用字通俗，所以，跟他同住一家客棧的人，都樂於跟他親近。

祭典完畢之後，旅客們紛紛踏上歸途。柏拉圖也準備束裝離開。

這時候，住在同一客棧的一位旅客對他說：

「您不是要回去雅典嗎？我可不可以跟您一道走？」

柏拉圖欣然同意，兩人就成了旅伴，一路同行。

他們在旅程中相處得極其融洽，到了雅典，同行的旅客說：

「我特地繞遠路來雅典，目的是想拜訪希臘最有名的學者——柏拉圖先生，認識認識他，親自聽聽他的宏論，當做回鄉後的好話題。您是雅典人，應該知道他的住址吧？他究竟住在哪一條街？」

「我就是柏拉圖，不瞞您說，我實在是個學問淺薄的人，只是空有名氣罷了，想到這兒，我就感到慚愧。」柏拉圖不禁笑出聲來。

那位旅伴，大吃一驚，說道：

「您就是那位鼎鼎大名的柏拉圖先生？哎，我真是有眼不識泰山，不曉得您就是大師，數天來，竟然蒙您不嫌棄，以對等的立場待我，我實在罪該萬死。不過，這也難怪我有眼無珠。以您這樣一位大學者，卻一點也不擺出派頭，跟我們這些老百姓和氣相處，德行之高，更叫人打心底敬慕呀！」

美國前總統林肯說：「人到了四十歲之後，必須對自己的容貌負責。」既然天生的容姿無法改變，我們就應於內在美上多磨鍊。除非是掛上黑眼鏡，否則根本不可能掩飾自己的容顏。

翠嚴禪師說：「處眾處獨，宜韜宜晦，若啞若聾，如痴如醉，埋光埋名，養智養慧，隨動隨靜，忘內忘外。」

與大眾相處或獨處，絕不能炫耀自己，顯露自己的才華。智慧是由定來的，心清淨到一定的程度，才能產生智慧。以和氣迎人，則乖沴滅。

人生嘛，無需過於執著，盡人事安天命而已。

【正能量感悟】

自處超然，處人藹然。存平等心，行方便事，則天下無事。懷慈悲心，做慈悲事，則心中太平。

12. 不登龍門

——斯賓諾莎意志如鋼

給哥德（Johann Wolfgang von Goethe 一七四九—一八三二年，德國大文豪，哲學家）等人莫大影響力的荷蘭哲人——斯賓諾莎（Baruch Spinoza 一六三二～一六七七年），出身極為窮苦。

為了研究熱愛的哲學，有段期間，他曾經靠研磨透鏡之類的工作，勉強掙得三餐溫飽。

他把數學、幾何學、自然科學的手法，導入哲學領域，樹立了嶄新的學說。當時的保守派哲學家和宗教家，罵他這種新手法是離經叛道，視他如「異端」，群起而攻。

這麼一來，他的出路就大受阻礙，生活就更加困苦，三餐也難得一飽了。

他是個愈挫愈厲的人，並不曾為逆境打垮，反而信念愈堅，我行我素，毫無屈服的想法。

生活雖然日漸艱困，他卻始終堅持自己的主張，毫不退縮。

當時的法蘭西國王——路易十四（Louis xiv 一六三八～一七一五年，在位期間一六四三～一七一五年），外號太陽王，是個厲行專制統治的皇帝，他喜愛文藝，嚮往文化，聽到斯賓諾莎過著困苦的生活，立刻派了一個使者去找他。

「如果你肯到法國，而且把你的著作獻給太陽王，我就每年送給你足夠的生活費，使你過得富如貴族。」使者向斯賓諾莎傳達了路易十四的話。

斯賓諾莎的回答是這樣的：

「把一個人學問的結晶，獻給不懂學問的人，是最沒有意義的事，好意只有心領了。」

路易十四是當時的歐洲最富有、最有權勢的國王，他自動伸手要拉斯賓諾莎一把，只要斯賓諾莎肯答應，名利雙收，無異是一登龍門的絕好機會，但是，斯賓諾莎卻堅持自己的原則，不為名所惑，不為利所誘，意志如鋼，一言拒絕。

這哪裏是一般見利心動的人，所能望其項背？

現代人大多數不重視過程，只重視結果，拋棄本身思考事物、辛苦創造的路途，只靠別人或借他人的東西，輕率敷衍，喜歡模仿別人。

時代潮流也強迫現代人接受成品、仿照品以及速成品，結果忽略了人們親手創造的努力，向這些人強調耐心的重要也是徒然。

智者大師說：「世間色聲香味觸，常能誑惑一切凡夫，令生愛著。」色、聲、香、味、觸是五塵，這都是外面的環境，容易迷惑人，令人生起貪瞋痴慢。為了追求物慾享受，使人生起愛著，一愛一執著，心被境界所轉，毛病就隨之而來。

【正能量感悟】

人在世間一切享受夠用就行了，衣服夠穿就行了，吃能吃多少？住房能遮風避雨就行了。聰明人應不做糊塗事。

13. 道　歉

——媽媽也要做個老老實實的人

Ａ小姐在火車上跟Ｂ小姐不期而遇。

她們是高中時代的同學，久未逢面，所以，雙方都高高興興的聊起來。

Ａ小姐：「真難得，居然在火車上碰在一起了。」

Ｂ小姐：「可不是嗎？妳還是在以前的地方服務，或是換了工作場所？」

Ａ小姐：「還在原來的地方。不知不覺中也幹了好幾年了，時間過得真快，是不是？妳曉不曉得淑美小姐結婚了？」

Ｂ小姐：「淑美小姐？」

Ａ小姐：「就是在○○銀行服務的淑美小姐。」

Ｂ小姐：「哦，我記起來了，這麼快就結婚了？」

Ａ小姐：「才不快呢，是我們太慢了。」

她們情不自禁地笑起來。

B小姐：「也許，我們是太慢了，看樣子也得趕緊找個意中人結婚囉。」她們的話題，不斷地翻新，似乎忘記了時間。

A小姐：「結婚這回事，說來容易，做來倒不容易。婚後，教育孩子更是一件很難的事呢。」

B小姐：「妳又沒做過母親，說得倒很有經驗似的，是不是碰到什麼事使妳感觸頗深？」

A小姐：「結了婚就非有孩子不可，沒有小孩的家庭，不算是個家庭，這是我的想法。」

B小姐：「我家附近就有個令人羨慕的家庭。我一直在想，將來如果結婚了，就要做像那一個家的母親。」

A小姐：「哦？是個怎樣的母親？說來聽聽，好不好？」

B小姐她說的「理想的母親」是這樣的。

她家附近住著一對年輕夫妻。先生是大學畢業的公務員，為人正直、勤勉。

太太也是大學畢業的知識份子，但一點也不孤傲，是個爽朗個性的標準太太。他們之間有個三歲的女兒，名字叫做依芳。

有一天，媽媽在廚房忙著準備晚飯。依芳在院子朝著母親連叫了幾聲。

「媽媽，媽媽！」她叫個不停，但不知怎的，母親都沒回答她，氣得她直跺腳：「我叫了那麼多次，媽媽就是不回答我。」她邊說，邊哇啦哇啦地哭了。

「依芳，媽媽忙著煮飯沒聽到妳叫我，並不是故意不答妳呀！」母親哄著她說。

「可是，您明明朝著我看了一眼。」

「是真的沒聽到呀！有時候依芳，不也忙著玩，聽不到媽媽叫妳嗎？好了，別哭了，妳是個乖孩子是不是？」

「嗯……」依芳雖然點了頭，還是一逕哭個不停。

「媽媽已經說明沒聽到的原因，妳也曉得原因了，不是嗎？妳已經是大孩子了，要老老實實地聽從別人的話呀。」母親慈祥地摸了摸她的頭說。

依芳這才止住了哭，說了一句：

「好嘛，我要做個老老實實的孩子，可是，請媽媽也做個老老實實的人。」

這位母親就向著自己的小孩來個鞠躬致禮，說：

「是！我沒回答妳，實在很抱歉。」

她那種坦率致歉的行為，顯得極自然而真誠，使看到這一切經過的B小姐，心為之一震。

多感人的鏡頭！這件事就這樣烙印腦中，逢人不說出來，就使她心裏癢癢的，好像失落了什麼。

《資治通鑑》卷六說：「凡百事之成也在敬之，其敗也必在慢之。」

它告訴我們，一切事情所以取得成功，是由於能夠嚴肅認真地對待它；而失敗的原因，在於辦事輕慢、懈怠。

讓自己保持一顆順其自然的心，才是人生應有的態度。

【正能量感悟】

福報不夠的人，就會常常聽到是非；福報夠的人，從來就沒聽到過是非。好好地管教自己，不要管別人。

14. 結婚前夕

——我想趁這個機會揹妳

林先生有三個女兒，一個男子。他是計程車司機，一家六口全要靠他掙錢過日，這種養家活口的擔子，對他來說，的確不輕。好在，他的孩子個個喜歡讀書，在教育方面，倒不曾讓他太操心。

由於家裏人口多，每月的收入只能應付衣、食、住、行，而孩子們個個喜歡看課外書，以林先生有限的收入，實在無法為他們另買新的雜誌或書籍給他們。

他看到孩子們借圖書館或朋友的書，在家裏看得津津有味，常常想：「我這些孩子都很上進，可是這個做父親的，卻無法為他們買課外讀物，真是窩囊透了。」一想到這裏，他往往就很難過。

一天，他開計程車駛過一條街，忽然看到路邊有一家舊書店，他的腦裏閃現一個主意，於是，停了車，進去舊書店。這家舊書店專賣過期的舊雜誌，價錢很便宜，他想，這麼廉價的雜誌，用他的零用費，每個月買十幾本給孩子們，應該沒有問題。

從那時候開始，他就每個月都抽空到那家舊書店，買十幾本舊雜誌回去給孩子們。

孩子們每個月都渴盼父親為他們買舊雜誌的那一天，快快到來。

他為滿足孩子們的閱讀慾望而想出的這個方法，顯然使孩子們大為高興。能夠處處替孩子們設想的這麼一個好父親，四個子女當然對他都有許多值得牢記不忘的種種回憶。

以他的次女——曉雲來說，她為了減輕父親的負擔，國中畢業後就不再升學，自動到某家電子工廠就職，打算掙錢補貼家計。他的父親卻說：

「妳將來總要出嫁的，賺的錢就自己積蓄下來，買些嫁妝，或妳日常使用的東西吧。」

曉雲本來是打算賺錢減輕父親的負擔，但拗不過父親堅決的主張，只好聽他的。

五年後，她有了理想的男朋友，在父母的同意下擇期要結婚了。

她雖然為了找到理想的郎君而高興莫名，但是，想到父親一年如一日，為撐持這個家而終日辛苦開車，自己畢業後卻不曾替父親在經濟上幫過什麼忙，難免感到過意不去。

當她就職時，由於父親堅持她把賺的錢私自積存下來，所以五年來的存款，足夠她為結婚而購買種種嫁妝，不至於顯得寒酸，她由此想到，父親當年堅持不用她的錢，實在是用意周到，為這，她就對父親更加的感謝。

婚禮逼在明天的那個晚上。她為了表示對父親養育之恩，特地跟父親說：

「爸爸，真謝謝您把我養育到這麼大，而且也沒幫過您什麼忙就要出嫁了。我想買一件紀念品送給爸爸表示我的謝意。爸爸，您想要什麼東西，請說出來，讓我這個做女兒的盡一點心意吧！」

父親眼看女兒已經要出嫁，當然也感觸萬千。聽到女兒這番孝意，更是喜不自勝，可是，他並不要她買什麼東西送給他。他說：

「我不要妳送什麼紀念品。不過，妳明天就要結婚，此後，我就沒法每天看到妳了，小時候，妳還記得爸爸常常揹著妳走的事吧。妳結婚後，我永遠沒有機會揹妳了，今天晚上我想，趁這個最後的機會揹妳。」

父親說完，就揹著已屆妙齡的女兒，在房間裏面，默默地走起來。

雖然父親沒說什麼話，但是，她很清楚這位只畢業於小學的父親，是用這個行為，表示他對子女滿腔的親情。這時候，她深深切切地感到，從不求報償的父母之愛偉大得令人沒生難忘，不禁淚珠滿眶了⋯⋯。

《佛治身經》說：「己得身心之教，不難教他。欲教他人，先教己。」

家庭教育是子女身心發展的出發點，無論自己的孩子多頑劣，為人父母者依舊認為他們最可愛。然而抱怨子女任性難管的父母有增加的趨勢。究其原因，不外是由社會風潮和學校教育的缺失，或電視和不良朋友的影響，以及最重要的，家庭中父母對子女的管教出了問題所造成的。

【正能量感悟】

我的財富並不是因為我擁有很多，而是我要求的很少。只要自覺心安，東西南北都好。默默地關懷與祝福別人，是一種無形的布施。

15. 寬宏大量

——強盜抓了錢就想走

中世紀時候，日本有一位高僧，叫做「大含」。他的為人，就像他的名字那樣，包容力之大，少有其比。一天晚上，他正在書房看書，一個強盜摸進來想偷東西。

強盜手裏握了一把明亮亮的大刀，一進大含和尚的書房，就呼喝個不停，顯然是有意使大含和尚因恐懼而任他取走值錢的東西。

大含和尚面對來勢洶洶，滿臉橫肉的強盜，一點也沒有懼色。他只瞪著他問了一聲：

「你是要我的命，還是要錢？」

強盜沒想到對方會有這一問，不禁支支吾吾地說：

「當……當然是要錢，有了錢…我……何必要你的命？」

大含和尚從容起身，從書房的衣櫥裏找出錢包，然後，把裏面的錢悉數掏出來，丟到強盜面前說：「這是我全部的財產，你就拿去吧。」

說完，他就坐下來，若無其事地繼續看他的書。

強盜抓了錢轉身想走，大含和尚突然大喝一聲：

「等等！」這一叫，不禁使強盜面色驟變，挺在那裏，不知如何是好。

大含和尚以訓誨的口氣說：

「說不定還有人偷偷進來，你要走的時候，可得把門關緊啊！」

強盜唯唯喏喏地走了。數天後，這個強盜又在另一個地方做案，當場給逮住，送往官署，關在牢裏。在審訊的時候，他對審問官說：

「我幹這一行，少說也有十年了，可是，從沒有碰過像那位和尚的人。當時，他大聲一喝，我真是嚇得渾身發抖……。」

官吏就傳訊大含和尚，問說：

「強盜進了您的家，又拿了錢，事後，您為什麼不向官衙報案？」

大含和尚聞言哈哈大笑：

「那些錢，是我自動給他的，他又不是出手硬搶，我何必報案呢？」

視錢如草芥，待強盜猶能如此寬宏大量，達到這種「悟道」的境地，實在不容易。

《華嚴經》說：「世間種種之法，皆如幻影，故不宜為其而心動。」

「因為懂得，所以慈悲」，懂得生命真諦的人，善於把個人生命的體驗推及為同類生命的敬畏。感恩生活，珍惜自己也善待別人，愛別人也為別人所愛。

【正能量感悟】

在生命本源中獲取的力量，將伴隨著人們以淡定、達觀、知足、感恩、包容的人生態度面對環境。「海納百川，有容乃大」，正是人生的至高境界。

16. 薦人之秘
——李克的推薦詞

戰國時代，晉國被分割為韓、魏、趙三國。魏國在文侯的時候，位列諸侯。文侯勤政愛民，尊重賢者，稱得上是一位明君。當時，他的身邊有田子方、卜子夏、李克、魏成等名臣。

魏文侯曾經為選一個宰相，而迷疑不決，因此向李克（戰國魏人，子夏弟子）討教說：

「你以前說過，家貧就希望有一個賢妻，能夠撐持那個貧窮的家，使一家人不至於挨餓受凍；國家如果大亂，就要有個整頓時弊，助吾治國的賢相。如今，我也渴盼有個良相，能夠輔助我治理這個國家。依我的看法，最適當的人選，不是魏成（魏成子，也就是魏文侯的弟弟），就是翟璜。你認為如何？」

「臣聽說過，卑賤的人不能隨便議論位尊的人的事，我實在沒資格回答這個話。」李克說。

文侯不放過他，逼他非說不可。李克就說：

「那，我就只有說說私人之見，讓吾王做參考了。要鑑定一個人，必須從他在何種境遇中，做出何種言行來判斷他的為人。

當他平安無事的時候，要看他跟哪一種人交往。

富裕的時候，要看他是不是對人有所施予。

做高官的時候，要看他推薦的是怎樣的人物。

當他困窘的時候，要看他是不是不為歹徒所誘，不做出沒道義的事。

當他貧窮的時候，看他是不是不為物慾所惑，不奪取不該得的東西。

魏成和翟璜都是賢臣，可是，卜子夏、田子方、段干木等名臣，無不都是魏成推薦的人物，如此說來，宰相的人選，當以魏成最為理想。」

由於李克的這一句話，魏文侯就決定起用魏成做宰相。後來，事實證明魏成當宰相，建設地方之策，使魏國變得很富強。

《臨濟・臨濟錄》說：「赤肉團上有一無位之真人，經常在汝等面前出入。

猶未證據者，看吧！看吧！」

禪僧臨濟文中所表示的是，凡擁有生命的人，都存在著超越空間和時間的真實人性在周身出入。如果尚未遇到，趕快看一看、瞧一瞧吧！

現代企業的經營者，有時侯身邊就要有像李克這樣精於「分析」的幕僚，才不至於鑄成大錯。

聽別人意見，目的在於求善。經營者聽取部屬的意見時，必須先拋棄私見和成見，否則想得到寶貴的建議，無異緣木求魚。

【正能量感悟】

用人之長，可補自己之短；恕人之過，能顯自己之德。智者的眼光，可以看得遠，看得廣；而愚者的眼光，只能看得近，看得窄。

17. 開朗小姐

——一席話贏得金龜婿

當許小姐一笑，就露出一排雪白的牙齒，雙眼奕奕有神，充滿了溫情，任誰看到了，都覺得她是位個性明朗、誠實、坦直的女孩。目前，她已經結婚，跟先生過著幸福的生活。

有關她的婚事，曾經發生過這麼一個插曲。婚前，她是「話術研究會」的會員。一天，話術研究會在某區召開研習會。在那次研習會上，她突然被主講老師指名上台做三分鐘的「演講」。

當時，她一點也不怯場，笑容可掬地上台說出她學習「話術」之後的種種感想。

「由於學了說話的技巧，跟別人交談就比以前更覺得充滿樂趣，彼此間的人際關係也變得更好，同時，對每一件事的看法，也養成比以前更深一層去看、去想的習慣。」

她還舉出了很多好處，最後又說了一句：

「此後，我也希望從四周的人吸收更多的長處，使自己一天比一天更成熟。我也覺得學習說話可以訓練自己去體認真實的人生，去思考怎樣有意義地過這個只此一次的人生。」

她說得語簡意要，最難得的是，語詞懇切，毫無虛假的意味。

在場的聽眾中，坐著一位紳士。他對許小姐的話似乎頗有同感，不時點著頭，認真地聽著。

他是地方的名人，那天，是研究會請來的特別來賓——林先生。

林先生聽完的演講後，立刻打電話給家裏的獨生子——昊祥，說：

「爸爸有急事，你立刻到我這裏……」

「什麼事那麼急呀？爸爸。」

「來了再說，越快越好。」

林先生把趕得滿頭大汗的昊祥，帶到附近的咖啡店。咖啡店有兩個人在等著他們父子兩個人。

一個就是研習會的主講老師，另一個女性就是剛才在會場上給指名演講的許小姐。林先生親自介紹說：

「許小姐，他是我的兒子昊祥。昊祥，這位就是許小姐。」

林先生在昊祥未到之前就跟主講的老師打了個招呼，請他出面邀許小姐，到咖啡店來。

林先生跟主講老師商量之前，聽老師說過，許小姐渴盼有很好的人際關係，所以，一直很認真地學習「說話的技巧」。

在咖啡店見過面的許小姐和昊祥，後來，交往了幾個月，由於雙方覺得個性相合，就這樣，在認識了一年之後，就走上結婚禮堂。

林先生是名門望族之後，昊祥又是個畢業於一流大學，家裏的資產多達數億，從任何方面來說，都是所有的未婚女性夢寐以求的「白馬王子」。

許小姐之所以能夠跟他結為夫妻，完全是那天那一場三分鐘的演講使然。當然，林先生居間撮合的功勞，亦復不小。林先生後來向主講老師說明，他為什麼想娶許小姐做他獨生子的媳婦。

「我第一次看到她，是參加研習會那一天的事，我也只聽到她做短短三分鐘的演講而已。

她並不是長得特別漂亮，她說話的技巧，也不是特別出眾。如果，從這兩方面來說，她只是個平凡無奇的女性，只是個到處可見的女孩。可是，我卻在一剎那之間就感到，她是個不平凡的女孩。她那種開朗的個性，使我對她印象好得不得了。

她可貴的地方就在，不但善意地肯定周圍的人，對自己的生活和人生的一切，也抱著積極的觀念，她準備隨時敞開心胸，接納世上的每一個人，而且從中找出個人的一種生活意志。

我覺得，她擁有的是比長得漂亮還重要的東西。她整個的為人就在那三分鐘的演講中，表露得一清二楚。我甚至感到，選她做兒媳婦，相比之下，我的兒子可遜色多多，但是，天下父母心，看到這樣一位難得一見的好女孩，怎能不叫我急急地去促成他們的婚事呢？」

《禮記・中庸》說：「言顧行，行顧言。」意即說話要實事求是，不誇誇其談；辦事要言而有信。

佛教中也有「佛佛相念」、「感應同交」的境地，意思是說，工作中的「佛陀」和你心中的「佛陀」相結合，互相交融在一起。

我們也應該經常以這種認真的態度待人處世。

【正能量感悟】

人要學會欣賞自己和他人，學會欣賞生活中的點點滴滴。學會欣賞的人，走在寒風暴雨中也會有如沐春風一樣的感受。還要相信命運天注定，人的一切行為，才是決定自己一生的命運。

18. 親 情

——為誰裝傻？為誰發怒？

日本戰國時代的藩王之一——黑田如水（一五四六～一六〇四年，名為官兵衛，如水是他的號，輔助豐臣秀吉平定天下，統一日本），是個智珠在握的參謀型傳奇名將。

晚年，他纏綿病塌，在臨死的一、二個月前，忽然一反常態，脾氣變得暴躁無比。

只要家臣出現在他面前，他就不分青紅皂白地亂罵一頓，再不就是刀劍出鞘，要揮刀砍人。

家臣們看他如此乖戾反常，不知如何是好。

幾個高級幹部在一番商計之後，請如水的兒子——長政（一五六八～一六二三年，後來成為福岡城主，領祿五十二萬石），出面勸勸這位藩王。

長政到了如水的枕旁，低聲慢語地勸說：

「父王，您這是何必？左右的人都給您罵得不敢來侍候您了，再這樣大發脾氣，他們可受不了的。」

如水靜靜地聽兒子的一場諫言後，神秘地一笑：

「長政，這是有原因的，你靠過來一點，我有話跟你說。」

當他的兒子一臉狐疑地把臉湊過去，如水就壓低嗓子告訴他：「我動不動就大罵那些家臣，你難道真的認為我是老來發瘋？才不呢。我這麼做，是為了誰，你難道猜不出來？我餘生無幾，亂發脾氣，讓他們覺得不好侍候，這麼一來，他們的心就向著你，不把我這個老頭子當一回事了。我這麼做，都是為了你，也為了黑田藩的將來呀！」

《曾子．制言》說：「人非人不濟，馬非馬不走。」意指一個人沒有其他人幫助，就不能成功；一匹馬沒有別的馬一齊推車，車輛就不能急驅。

父母子女之間的親情是絕對的，從這個故事我們可以體會到，父母為子女設想的感情，古今中外，並無二致。

父母辛辛苦苦、百般呵護，把我們養育長大，到了我們成家立業、事業有成時，我們想盡心孝養父母之時，他們大多垂垂老矣！我們能夠讓父母享幾年福呢？這比起父母養育子女的辛勞，可說是微不足道的。

【正能量感悟】

養育兒女是為人父母應有的責任，同樣，孝敬父母也是為人子女應盡的義務。在生生世世的輪迴中，無量眾生都曾經是我們的父母，我們應將這感恩的心，推及一切眾生，人人皆能如此，這個世界必定更祥和。

19. 相親之後
——就是為了她的鞠躬致禮

清源是某加油站的服務員。目前他，有一個小兒子，一家三口，過著其樂融融的日子。

他跟目前的太太結婚的動機，從旁人的眼光看來，實在單純到了極點。

他在婚前，也有很多媒人為他提親，在好多個對象中，為什麼獨獨選上目前這位太太呢？

有一次，一位前輩向他提到一個女性，說那個女孩很不錯，不妨跟她認識一下。他平時很尊敬這位前輩，所以，答應他去相親。

他已經二十六歲，四周的人開始為他的婚事操心，但是，他倒覺得自己年紀還輕，心裏打算三十歲的時候才成家。

這次的相親，也是經不起他尊敬的前輩一再的催促，才抱著姑且走一趟的心情去的。那位前輩把他帶到某個朋友的個別房間，男女雙方決定跟那位前輩，一起吃晚餐。那天，清源並沒有相親時常有的那種緊張感。

因為，他是看在前輩的份上走這一趟，並沒有存心要跟對方的女孩好好相親的念頭。

那位小姐略微豐滿，姿色普通，在他看來，並不是美人之類的「貨色」。交談的時候，他也看不出她有什麼過人之處，腦筋嘛，似乎也不怎麼伶俐。

老實說，他私自給她下的評價是：並不怎麼好，但也不怎麼壞。不過，他也看出她的長處是誠直成性。

當然，想到自己，也不是什麼值得誇傲的「貨色」，所以，他並沒有把對方的小姐看扁了，但是，也不至於對她興趣得非馬上結婚不可的念頭。

吃了晚餐，聊了約莫三十分鐘之後，清源就起身先告辭（他還要回去加油站值班）。

她送他到門口，清源向她致謝後，逕自走了。門前是一條又直又長的道路。清源走了約莫五分鐘後，來到拐彎處，當他要拐彎的時候，不經意地回頭一望，可沒想到那位小姐還站在門口，一直目送著他。當她看到他回頭而望，她就遠遠地向他鞠躬致禮，清源也情不自禁地還禮。

就在這時候，他像觸了電一樣，心上起了一種莫名的感動。就為了她的鞠躬致禮，使他下決心跟她結婚。婚後，太太曾經告訴他：「當時，您如果沒有回頭看我一下，也許，我就對您沒興趣，我們也無法結為夫妻了。」

他們想到，人的一生，往往是這麼單純的事在決定一個人的命運。不少人往往把只此一次的機會，任其逸失而不自知。這件事，反過來說就是：人，應該對越單純的事越要傾注全力——人生的種種契機，往往由此產生，因而扭轉了一個人的整個命運。

《法華經・普門品》說：「以慈眼視眾生，福聚如海無量。」

《六方禮經》說：「禮拜西方，禮拜妻子。夫委託妻家事，妻敬順夫。」

十年修得同船渡，百年修得共枕眠。同睡一張床也得用一百年的時間修來。別小看夫妻倆曾經在一張床上，那是多少個百年修來的，幾千甚至幾萬年修來福分，兩人才能修來在一張床上睡覺。珍惜這修來的緣份吧！

人心微妙，其變就在剎那之間。掌握人心，最重要的方法是真心坦誠相待，不是謀術，更不是要一些小聰明。

【正能量感悟】

「坦誠相待，心誠則靈。」做人做事都要腳踏實地，不被外在虛假的形式所迷惑。當一個人心存善意，對方也必定會受其感染。一個人的真心或假意，不在嘴上，而是在心上。

20. 繩子之緣

——把幸福結得牢牢的起因

這是十年前發生的事。時逢八月的大熱天，玉樹一手抱著文書袋，一手拎著沈甸甸的手提箱，在擠得像沙丁魚的公車內，不斷地左右搖擺著。

當公車到了北站，他已經汗流浹背，困頓不堪。一想到還得換兩次班車才能到達目的地，他真想把手提箱和文書袋丟了不管。

為了省力，他必須把這些攜帶物捆成一堆，否則他實在無法支持到目的地，於是，他想到務必弄到繩子什麼的，所以，肚子並不怎麼餓，也只好跑進公車站前面的一家餐廳。

那家餐廳，約有二十張桌子，正是黃昏時分，所以，客人都坐得滿滿地。兩個女服務生，忙得團團轉。整個餐廳充滿了吵雜之聲。看來，這似乎是餐廳的尖峰時間。

一位女店員跑來問他吃什麼時，他趁機求她：「抱歉，小姐，能不能給我一條繩子什麼的？」

「繩子？我正忙得不可開交，等一會再說吧！」

服務小姐極其冷淡地這麼說後，又忙她的去了。有些喝醉的客人，扯高了嗓子呼喝著：

「喂，小姐，快點行不行呀！」

他看到餐廳內這種像在打仗的氣氛，實在也不敢發什麼牢騷。

等了一會，另一位女服務生把他叫的湯麵端來了，他又趁機央求她說：

「小姐，能不能給我繩子之類的東西？」

「您做什麼用途？」這位小姐微笑著問他。

「我想把這個手提箱和文書袋捆成一堆，好去擠車。」

「噢？那，您就交給我吧。」

她毫無厭煩之色，帶著他的手提箱和文書袋，進去裏面。隔不多久，她就把那兩樣東西捆成一堆，帶了出來。繩子打了十字，不但捆得牢牢地，上面還打了個圓環，以便攜帶。

「我替您捆好了。」

當那位女服務生堆滿笑容，把東西交給他，老實說，他真是如獲大赦，但覺那位小姐的笑容，美得無法形容。

幾天後，在一次偶然的機會，他把這件事說給一個朋友聽：

「你不曉得當時我有多感動，這年頭，像她那樣的女孩，還真難找呢。」

他的朋友叫做立民，一聽玉樹這麼說之後，忽有所思地求他：

「我想見見那位女服務生，能不能陪我走一趟？」

玉樹和立民就又到了車站前那家餐廳。

立民是個商人，他最近正打算讓弟弟開一家商店，他的弟弟還沒結婚，所以，不時在為他物色理想的「商人妻」。那位替玉樹捆了攜帶物的小姐，果然使立民一眼就發生了好感。

他特地去找餐廳老闆，託他居中撮合弟弟和那位女孩的婚事。

半年後，諸事順利，那位小姐就跟立民的弟弟走進結婚禮堂了。

立民的弟弟，在某條商店街開了一家五金店，那位小姐也成了年輕的老闆娘。

由於她很會招呼客人，禮數又很周到，五金店的生意好得不得了，她跟先生的感情也很融洽，目前仍然過著幸福的生活。

替客人著想，衷心為客人服務而結的繩子，使她的幸福也結得牢牢實實地，這不是行善必有好報的明顯例子嗎？

釋證嚴上人說：「天天發揮愛心，就不會產生惡念；天天為善，就不會出現惡行。」隨時行行小善，日積月累即可養成大德。

《大莊嚴經論》說：「近有智之善友，身心內外皆清淨。此謂真實之大丈夫。」常常浸濡於善裡頭，不知不覺中必然受感化。

【正能量感悟】

不要輕視小善，認為小善沒有利益，大家應該知道，大善也是從小善開始，多修善積福，小善也能夠成為大善。

21. 心不二用

——忘我的文豪

日本明治時代的大文豪——島崎藤村，在寫作時，總是專心致志，忘了一切。

他撰寫劃時代的作品《黎明前》的時候，每天早晨七時即起，對著書桌，奮筆疾書，吃飯也不離書桌一步，更不想出去散散心，就這樣一直工作到半夜。

那時候的他，似乎給什麼迷住了。直到作品完成，他都天天保持這種面對稿紙，奮寫不停的生活。

他思索時，是個菸不離手的人，邊構思小說的情節，邊抽菸，當靈感一來，他就把剛點的菸，往菸灰缸一丟，急急執筆，再也不去想剛點了火的那支菸。

當文思停滯，他就重新點燃另一支。靈感又來，即把那支菸捺熄在菸灰缸，握筆寫起來。

如此一次復一次，不知不覺中，菸灰缸已經有一、二十支未抽完的香菸。

太太看他如此刻骨刻心，傾力以赴。為了補足他的營養，有一次，特地做了一些好菜，端到書桌上。他掃了一眼，滿臉不悅地說了一句：

「何必大魚大肉？用鹽水煮茄子之類的淡菜，我反而吃得下呀！」

太太很懂得「不干擾丈夫情緒」的道理，因此，也不吭一聲，隔天就依他的意思，煮了些茄子給他吃。

「就只有茄子呀？這，未免太虐待人了吧？」島崎藤村默默地吃完後，數落她一句。

他滿腦子都是小說的構想，所以，把昨天吩咐的事早就忘得一乾二淨了。太太當然知道他這種「忘我」的心境，不但不頂撞他，還連聲道歉：「抱歉，明天我就弄些好菜給您吃吧！」話是這麼說了，她一時也想不出明天該弄些什麼菜，才會合丈夫的意，不禁惱得一夜闔不上眼……。

「忘我」到這個地步，就有些「瘋狂」的意味了。人生在世，要成大事，就非把自己帶進這種境地不可，大文豪之所以成為大文豪，原因就在這裏。

《淨名經》云：「直心是道場，直心是淨土。」

所謂直心即是真心，如果能以真實無妄之心行事，就能夠入成佛道場。有人經常忽視的就是自己的一顆心，看上去微不足道，卻被一顆心折磨得死去活來，仍然找不出頭緒。

【正能量感悟】

要包容那些意見跟你不同的人，要是一直想改變他人，那麼你會很痛苦。要學學怎樣忍受對方、包容對方。

22. 待如上賓
——教授夫人的姻緣

台北某鬧街上有一家咖啡店。咖啡店馬路邊的右側，開了一家雜貨店，看顧這個雜貨店的是咖啡店老闆的女兒——雅如小姐。

一天，有一位青年紳士跑來買一包香菸。

「謝謝您。」

當雅如親切地把香菸遞給他，那位青年，居然給了錢之後，還站在那裏，不想走開。

他猶豫了一陣子，才小聲地向雅如說：「也許妳會覺得很唐突，但我實在不能不向妳說出憋在心裡好久的話。如果妳同意，我想跟妳結婚……」

雅如聽後，可真是大吃一驚。平時，在這個店舖做店員，她總是受盡客人的氣——不是挨客人的罵，就是粗言粗語受驚嚇，或是其他令人覺得生意難做的種種遭遇。

有人直接在店頭向她求婚，對她來說，可真是破天荒第一遭，對一個未婚的小姐更是一件「驚人」之事。雅如覺得對方未免太冒昧了，所以，仔細地看了對方一眼，這才發覺，原來是經常來買香菸的一位客人。

「您的玩笑未免開得太大了。」她不當一回事地笑了笑。

那位青年紳士卻一臉的認真，說：

「這是終身大事，豈能開玩笑？我是誠心誠意的，如果妳不嫌棄，我希望我們有個交往一段期間的機會。」

瞧他，雙眼發亮，滿臉生輝，似乎不是開玩笑，而且態度那麼誠懇，人也長得溫文儒雅，不像是沒有來歷的人。不過，想來想去，總覺得事有蹊蹺，怎能亂答應？

雅如只好婉言拒絕：

「不管是不是開玩笑，這件事未免太唐突了，如果您真有那種誠意，請按照正式的規矩來。」

那位青年碰了一個軟釘子，只好唯唯而退。

雅如把它當成「吃豆腐」之類的事，可沒想到，隔不了幾天，那位青年竟然央託媒人，正式到雅如的家，向她的父母提出這樁婚事。

聽了媒人的說明後，雅如才恍悟那位青年，為什麼要向她求婚。

原來，青年每次去買香菸，雖然只是一包香菸，雅如總是待如上賓，態度謙恭有禮，誠摯之情溢於言表。據青年的說法，那是對客人出之肺腑的感謝，而次次如此，使他覺得雅如的為人實在令人感動。

當然，她每次應對之時，總是笑盈盈地，那種做生意時，待客懇切，加上誠意的笑容，使青年成了愛情的俘虜，他想，世界之大能託我後半生的女性，捨此人莫屬，這才毅然來個「店舖求婚」。

青年是附近某大學的講師，他在大學是眾人矚目的才俊之士。

他們兩人在媒人提親後，交往了一段時間，數個月後就在雙方家長、朋友的祝賀中，順利結了婚。雅如已稍過適婚之齡，父母和親戚曾經為這而掛心了好久。雅如平時可不在意這回事，天天為了她負責的雜貨店，日夜忙碌，工作得很愉快，毫無過適婚期的女性那種焦慮感。

《法句經》說：「即使得之者少，亦不可輕忽其得。」親切待人最易獲得別人的好感，也最容易獲得朋友的要訣。待客也一樣，從心裡的親切接待，最能使客人感到愉快滿意。

由於認真負責店務，懂得待客之道，加上她秉性善良，才造成青年向她求婚的原因。

如今，她已經是一位教授夫人，過著安寧、幸福，人人稱羨的婚姻生活。

【正能量感悟】

天底下最美麗的表情是微笑。討人喜歡的是巧言，聽著刺耳的是直言。實事求是即人生正確態度。

23. 決斷

——那次，如果不趕去會他們……

廣翔畢業於工業學校後，立刻進了台中市郊的一家機械工廠。

有一次，他跟幾個同事一起約定到日月潭等地旅行。

約定去旅行的日期到了，而事有湊巧，就在那一天，有一個鄰居突然逝世，當天就舉行喪禮。平時，由於工廠的工作太忙，很少跟四鄰打交道，但是，母親卻說：

「你一定要去幫忙他們，平時，我很受他們一家人的照顧，你不趁機會去幫忙，聊表誠意是絕不行的。」

母親堅持她的主張，絲毫不退讓。廣翔碰到這個情況，急得不知怎麼辦才好。他可以慢一兩天才出發，但是，這麼一來就無法跟其他同事同行。

籌劃已久的旅行，這下子就變得無法順利實行，他只好把事情向同事和盤托出，徵求他們的意見。一位同事說：

「睦鄰也是一件很重要的事，你的母親又堅持你要去幫忙他們的喪禮，如果你不遵守她的話，豈不讓她大為傷心?我看，你還是留下來吧。你旅行的事，只好留到下次機會了。」

廣翔還是三心兩意，當時，他的心情就像莎翁悲劇裏的哈姆雷特，為「該去，還是不該去？」而猶豫難斷。

左思右想之後，他終於決定留下來幫忙喪禮，旅行之事，只好獨個兒延遲一兩天，再趕去跟同事們會合。

雖然延遲了幾天才趕到日月潭，跟大家會合，那一次旅行，仍然使他過得很愉快。

途中，他跟另一個旅行團相遇。

佛家說：「山顛振衣，水湄濯足，俱是機緣。」廣翔可說是親自體驗到了這個說法。

一個偶然的機會，使他跟那個旅行團中的一位女孩相識。他們從極其平常的招呼開始，慢慢談到各自的身世，也互換了聯絡地址。從此以後，兩人就開始通信。通信的次數愈來愈頻繁，雙方的感情也隨著水漲船高。就這樣，在兩年後他們就結婚了。

無論做什麼事，都應該正確了解「該不該做？」「如果該做，又該做些什麼？」為了達到這種正確的選擇，我們必須要有透視要點的眼光、決斷力和堅強的意志，因此，必須先培養「息慮凝心」的智慧，才懂得如何不拘泥細節，掌握重點。

廣翔偶而就看著太太的側臉想：

「那次，我如果不趕著去會合同事們，哪能遇到這個人？」

決斷得好——他至今仍然為這件事，感謝上蒼。

【正能量感悟】

依靠別人，不如依靠自己。不經歷過一件事，就不能增長對這件事的知識。

充滿了熱愛與光芒，即使最孤獨的時候，也會感到快樂，生活得很充沛。

24. 冷戰之後

——針對他們夫妻而發的演講

陳先生既愛喝酒，也愛打麻將。他覺得喝酒和打麻將才是他生命的意義，這兩件事他看得比工作還重要。他的腦裏，只充塞著這兩件事，所以，下班後，從不直接回家。

他最怕孤獨，喜歡在熱鬧的氣氛中耗時間，所以，不想回家後只跟太太靜靜相對。

年輕的時候，他就養成了這種習慣，因此，經常遲歸。步入中年之後，這個習慣更變本加厲。

他的太太，年輕時由於忙著養育孩子，沒有太多的時間去關心丈夫，可是，孩子慢慢長大後，她就漸漸感到丈夫遲歸，使她感到一股落寞之情。

夫妻間的感情，似乎越來越淡，這還不打緊，她感到嚴重的，是丈夫這種習慣，在孩子的教育上來說，實在不太好。

有一次，她溫和地勸陳先生：「你呀，已經不是年輕小伙子了，下班後怎麼不快快回家？你的體力已經不如以前，不適合跟那些年輕人混在一起喝酒打牌了呀。」

陳先生對太太的話並不加反駁，可是也不改舊態。她的話一點也沒引起丈夫的重視，這個事實，使她的情緒變得越來越急躁了。

從她警告他的那一天起，只要陳先生遲歸，她就熄了玄關的燈。但陳先生還是我行我素，照常喝酒、打牌，夜夜遲歸。

太太忍無可忍，當他夜深始歸，就衝著他破口大罵，一點也不假以詞色。

有一天晚上，她愈想愈氣，一氣之下，不但熄了燈，也關了玄關的門，自顧自地蒙頭大睡。

陳先生回家後，看到門被關得死死地，急得猛敲門。敲了好一陣子，陳太太打算跟他嘔氣到底，所以，不肯起來為他開門。

陳先生等得急，不禁敲門敲得太用力，把門窗敲破了，他邊發牢騷，邊撬開門進去，鋪了被就睡。時值冬天，冷風不斷從破窗呼呼吹進。

陳先生冷得發抖，呼叫太太：「喂，妳去玻璃店叫工人來修理。」太太一肚子氣未消，頂撞他說：「什麼話！是你敲破的，你自己去叫。」從此以後，夫妻兩就開始了「冷戰」，誰都不肯先向誰打招呼，或是交談。一天，一個機會使他們夫妻去聽了一場演講。

那次的演講題是「如何維持家庭良好的人際關係」。他們聽著，聽著，一直覺得講師的話是針對他們而發，心裏大感不安。

陳太太想：「丈夫天天在公司努力工作，疲倦而回，我這個做太太的，為什麼從不想到以和氣、感謝的心情迎他？」

陳先生想：「太太每天黎明即起來為我準備早餐，晚上，又為我的遲歸等到夜深，我這個做丈夫的，為什麼從不對她體貼一點？唉，以後應該早一點回家，別再讓她那麼操心了！」

從那次聽講之後，兩個人的態度都漸漸起了變化，家裏也慢慢變得有了笑聲。

一天，陳先生的一位同事要轉職，公司裏的同事為他召開歡送會。宴會上有酒有肉，陳先生本就是斗酒不辭的人，所以，面對大夥喧鬧轟飲的場面，竟又無法克制自己，喝了個痛快。

當他發覺喝得過頭了，席上的人已是所剩無幾，時間也已晚。

「糟了，又要讓太太在家痴痴地等了，這怎麼行？」他匆匆地搭了計程車趕回了家，這時候，已經是子夜二時。

以前，如果他這麼遲歸，玄關的燈光早就熄了，今夜，卻明亮亮地開著燈。他這才吁了一口氣，輕輕敲了門，叫了一聲：「太太，太太，我回來了。」裏面立刻有了回應：「是哪一位？」

聲音之柔，從來未有，這使他鬆了心，不禁大聲叫起來：「喂，開門呀，是我回來了！」

「哦？你是姓『我』的人？」

「別說笑了，快替我開門呀。」陳先生又喊了一聲。

「門並沒有關哪，請儘管進來吧！」

究竟。

太太在裏面等了一會，卻不見動靜，心裏著實發疑，去開了玄關的門，一看

她看到先生蹲在玄關口，縮成一團。「怎麼了？還不快進來？」

「唉，我就是不好意思進去。」陳先生慚愧地說。

「喲，那我來幫你忙吧！」

太太伸手出去，拉他進來。

這時候，兩個人彼此看了一眼，不禁笑出來。

陳先生說了一句：「彼此這麼客氣，這可是從來沒有的事，對不對？」

太太也點了點頭，會心地笑了一下。

這個家庭，從此以後，變得比以前開朗多了，夫妻間的感情也有增無減……

釋證嚴上人說：「留一些空間給自己和別人，凡事不要執著於自己對。」

【正能量感悟】

每個人都有各自的心魔，功名利祿、聲色財氣，無一不是魔障。只有克服了

這些心魔，才能遠離煩惱。

25.有女出嫁

——還能一起吃幾頓晚餐

邱先生是個嗜酒如命的人。

逢人他就問說：「去喝一杯，怎麼樣？」

他是某一個公司的課長，由於嗜酒如命，同事們對他的印象，褒貶俱半，始終是大家談論的對象。

他會那麼愛喝酒，有種種原因。喜歡誇耀自己的個性，使他無法忍受獨自待在一個地方的氣氛，這是原因之一。

另外，年輕的時候，他曾經是某幫派的頭子，喜歡到處惹花拈草，不斷地換女人，玩樂，不知不覺中就染上了視酒習慣。

進入中年之後，圍繞在他身邊的一個個離他而去，勢力、財力都在揮霍無度中，慢慢地失去，獨獨留下酷嗜杯中物的壞習慣。

後來，他經一位親戚的介紹，進了目前的公司當職員，由於尚能克盡其職，兩年後，他就升為課長。工作倒也做得還差強人意，可是，愛喝酒的習慣，只有比往日更甚。

他幾乎每天都要找個同事，或帶幾個部屬去喝酒，黃湯一落肚，他就忘記了時間，常常喝到深夜才回家。

一天黃昏，他在十字路口等綠燈的時候，不期然的遇到青年時代的朋友——史先生。

想當年，他們一起做了很多見不得人的事，如今，都洗面革心，不再幹壞事了，從青年時代分手到現在，這是他們第一次的邂逅，所以，邱先生格外高興，他脫口就說：

「太難得了，今晚，我們哥兒倆就痛快地去喝慶祝重逢的酒吧！」

他平時邀人喝酒的調調又出現了。

沒想到史先生立刻做了一個拒絕的姿勢，說：「今晚可不行。」

「你這是什麼意思？久別重逢，難道不值得喝一杯？太沒有感情了不是？」

史先生連忙解釋說：

「我不是無意慶祝重逢，下個月才找個時間來聚聚吧，到時候，本人一定奉陪到底。」

「下個月？這就怪了，既然要慶祝重逢，撞上的日子就是大吉之日，何必拖到下個月？」

「這是有原因的，這個月的二十五號，我的獨生女要出嫁。想到跟那個可愛的女兒，還能一起吃幾頓晚餐了，我就感到好寂寞。今晚，也是珍貴無比的一次機會呀！」

史先生說罷，再也不理邱先生的苦勸，逕自加快步伐走開。

邱先生想：「他這個話，倒有道理。他變了，有女兒要出嫁，就那麼珍惜一道吃晚餐的機會……。唉，也難怪我們都要老了，女兒都那麼大了……。」

他痛感歲月無情，同時也想到，過去的日子，都只顧自己的享樂，不怎麼關心家庭，實在太不應該了。

「我的女兒也跟史先生一樣，不久就要出嫁。老婆嘛，我也一直讓她操心，從沒對她的辛勞有所回報，唉，我這不是太自私了。」

當天晚上，他沒去喝酒，一下班就到百貨店，用打算喝酒的錢，買了一大堆老婆和女兒喜愛的東西，趕著回家去了。

釋證嚴上人說：「以感恩心面對世間萬物，不但能領略大地之美，也能止惡行義。」

愛是一種欣賞，一種付出，一種包容。我們不要輕視自己一些小缺點，許多人的惡習，都是由於微小積累起來的，而惡習的最大壞處，是貶乏了一個人的價值。因此，姑息自己的惡習，實在傷害自己。

印度有一句很富意義的格言：「趁著荊棘還幼小的時候砍倒它，別等到要刺破手的時候才動手。」這格言提醒我們，對於惡習要趁早革除，別等到惡習根深柢固時才去想辦法，那往往已經來不及了。

【正能量感悟】

單身時，好好享受你的獨處時光，有伴時，好好珍惜愛你的人。思維只在一念之間，好好把握當下。

26. 誤會之害
——人生旅途上的插曲

宜民畢業於名門大學的研究院，是個做事精幹，頭腦靈敏，眾所矚目的好青年。

他就職於一家電子公司，給分配到研究部門。他一去報到，就受到公司許多女同事的注目。宜民畢業於研究院，論年齡也是適婚期，對異性當然也有某種興趣，這是無可否認的事實。

俗語說，一見鍾情，男女之所以發生感情，往往是很微妙的，初次照面，彼此就像觸了電一樣，所思所想也脈絡相通，雖然沒有說出口來，卻可以心領神會，這或許是所謂的「以心傳心」吧。小梅和宜民就是這樣。

小梅對他的好感，與日俱增，宜民也從她身上感到跟其他異性截然相異的感受。

兩個人的心，隨著時日的經過，似乎愈來愈近。

不久，他們在下班後，也會一起去喝咖啡什麼的，這種程度的交往，過了一段時日。

他們各自懷著同一個想法：跟這個人結婚，絕對可以獲得幸福。

無奈，在交往中，他們只會聊些家常，雙方都沒有機會說些較「關鍵性」的話。

有一次，小梅打算去環島旅行。這次旅行是她一直夢寐以求的，旅行最好有個旅伴，玩起來才夠味。要是能夠邀宜民一起去，豈不美妙到了極點？她想。被邀的宜民，難免怦然心動。

但是，他想到進入公司之時決心的事，那就是：

「初入社會的兩三年內，只能專心工作，不能為玩樂而散了心。」

所以，當小梅邀他同行，他就說出這個理由，婉言拒絕：

「我進來公司還不到半年。過兩三年後，我一定奉陪，實在抱歉。」

他是個進取心甚強的男人，對公司的工作，看得比旅行重要，何況，他需要學習的技能還很多，不願意為了陪小梅而請假那麼多天。小梅當然很失望，只好獨自出發。

臨走，她把一份環島旅行的日程表交給宜民。宜民在公司裡看著那張日程表，聊慰相思之情。

「今天，她已經到○○了，明天就到△△了。」他也在幻想中，跟她遊歷那些名勝古蹟。

一週後。宜民想到今天是小梅旅行回來後上班的第一天。一週的時間，說長不長，但是，對他來說，卻如隔三秋。想到今天可以看到小梅，他的一顆心就撲通撲通跳個不停。

那天，他起得早，也上班得早。一到公司，發現小梅已經來了。

「環島之旅，過得很愉快吧。」他恨不得馬上跑過去問她。

她看到宜民，滿臉生輝地走了過來。宜民略微露出笑容，只說了一句：「妳早！」就這樣要擦身而過。

小梅的臉色，驟然大變——宜民當然也看得一清二楚，但是，他還是若無其事地走離了她。

原來，他在公司工作，一直堅守一個原則。「在工作場所，絕不能談私密性的事。」這就是他的工作哲學。

進入這家公司後，他一直堅守這個原則，所以，往日跟她約會，也只在下班後，或是假日。

小梅可不管這個，她是想：「分別了一週，就不會問一句『回來了？旅行得愉快嗎？』這個人未免太無情了。」她的期待給粉碎了。

也許，命運真的會作弄人，從那天以後，由於彼此忙於工作，雙方都沒有機會接觸。

四、五天後，他們才在下班時找到機會，一起又去泡咖啡館。可是，聊起話來，已無往日那種情調了。雙方都覺得氣氛有點兒不好，所以，坐不到十分鐘就匆匆分手。

小梅一肚子狐疑。她甚至告訴她的女同事說：「他呀，好像在我出去旅行之間，變了心了。」

宜民聽到這個話之後，心情也感到很複雜。

此後，他們還一起去喝過咖啡。

但是，在聊談之中，雙方避不觸及「變心」的話題，宜民卻一直把「變心」那句話，掛在心中，腦裏越想著那句話，話就說得越連貫不起來，氣氛也越不對勁了。

從此以後，他們之間就像橫梗了什麼障礙物，無法剖心而談，時日一久，變得不再約會了。

小梅受了這個衝擊，傷心得什麼似的，終於辭職了事。

他們倆還是不時想起這樣的問題：

「我們本來是很不錯的一對，可是，怎麼落得如此下場？到底錯在哪裏？」

宜民從這次經驗，獲得了一個莫大的教訓。那就是：

「人，不能只在心裏想著某一件事，把一個疑問，憋在心裏不說出來，彼此之間就無法溝通，如果彼此之間不把心裏想的事，用某種方式努力地表現出來，就會產生無法解開的誤會。」

《法句經》說：「自己才是自己所依據的，除了自己，沒有人可以依據。自己修得的力量最強大的。我們容易失去自己，所以要把這句話銘記在心，成為負責任，有果斷力的人。」

在人生路途上，對宜民來說，這只是個插曲，但是，他卻有切身之痛。他覺得感情的溝通實在太重要了，可惜，悔之已晚，悟之太遲了。

【正能量感悟】

理想可以高遠，腳步則必須落實於現在。失敗，只是證明我們企望成功的決心不夠堅強。

27.布　施

——屠格涅夫的「心施」

佛教的世界有一種所謂的布施（施捨）。布施分為三類：

其一為財施，也就是施捨財物。

其二為法施，也就是施給神佛的教戒。

其三為心施，也就是把愛心（包括善意）施給別人，使人得到快樂。

俄國文豪屠格涅夫（Ivan Sergeevich Turgenev 一八一八～一八八三，代表作有《父與子》、《處女地》、《初戀》、《前夜》等），有一天，到街上散步。

他漫無目的地走著，突然有人喊了他一聲：「大爺，行行好。」

他一看，原來是個乞丐，坐在路邊，伸手向他乞錢。很多路人，對那個乞丐看也不看一眼，一個個若無其事地從他面前走過去。

屠格涅夫把手插進褲袋，抓了幾下才發覺，出門時並沒有帶錢。他不禁楞在那裏。要是他也像其他路人那樣，匆匆走過，也不會有人怪他的，可是，他卻不忍心那麼做。

他突然握著乞丐的手，歉意的說：

「請原諒，我是出來散步的，湊巧身上沒錢，無法送你錢。」

那個乞丐聽他這麼說後，緊緊地握住屠格涅夫的手，說道：

「大爺，您太客氣了，有您這份心意，我就比得到千金更快樂了。」

屠格涅夫也緊緊地握住乞丐的手，說：

「我也悟到一件事，那就是，你施捨給我的心意，謝謝你。」

他們雖然沒有物質上的交換，但是，心靈上卻都獲得了無比的滿足，揮手道別。

《壇經》說：「迷人修福不修道，只言修福便是道。」意指一些迷失本心的人，只知道如何去廣修福報，卻不知道用真心去修行，因而將修福報、布施等誤認為是修持佛法。

《無量壽經》說：「獨作諸善，不為眾惡。身獨度脫，獲其福德，可得長壽泥洹之道。」

告誡我們再微小的善事，只要好事我們一定要去做，而且要認真的去做，不怕阻撓、恥笑，就會使社會向好的方向發展。

【正能量感悟】

以誠待人，誠心才能感動天和地，也能感動自己。心中多存善念的人，就是本性中高尚的人。

28. 媒人之言
——一句關鍵性的話說動了老父的心

李清是公司製作部第二組的組長，他有數十個部屬。這個組的特點，是彼此和睦相處，有一家人那種氣氛，大夥都愉快地認真工作。

李清很會照顧他的部屬，只要有煩惱的問題，即使是私密性的事，部屬們都樂於向他討教。

由於上下之間的信賴感很強，使這個部門一直都在和氣、合作的基礎上從事工作，效率之高，使其他部門望塵莫及。

他的部屬中有個台南縣出身的沈宏，他跟同組裏面台東縣出身的一位黃小姐，感情很好。兩個人在經過一段交往後，終於到達了非他不嫁，非她不娶的地步。沈宏是很有將來性的技術家，黃小姐是個溫柔、善良的女性。

李清也好，其他同事也好，都認為他們是很配的一對。

在組裏，他們的關係已經是個公開的秘密，可是，卻沒聽到兩人就要結婚的消息。

他們的感情已到了可以談婚嫁的階段，之所以無法進一步使之成真，原因就在黃小姐的爸爸是個頑固成性的人。他不答應他們的婚事，任親戚、家人怎麼說，他就是不准黃小姐嫁給沈宏。

李清由於天天接觸黃小姐和沈宏，一直深信這一對年輕人絕對可以成為很理想的夫妻。為了促使他們的婚事成功，他特地揀個日子，跑到台東縣去找黃小姐的父親。

見了黃小姐的父親，交談了約莫一小時，他才發覺，這位老先生實在很難應付。

李清絞盡腦汁，搬出很多原因，說明他們是很理想的一對，可是，黃小姐的父親就是不肯爽朗答應。李清怎麼說，他就怎麼閃，或者顧左右而言他，雙方的話，一直像兩條平行線，毫無交叉的可能。

能言善道如李清，也不免興起矢盡劍折的念頭。

他特地從台中趕來，專程提親，可是，黃小姐的父親才不管這個，堅持己見，不答應就是不答應。李清感到奇怪的是，這位老先生何以如此反對女兒的這樁婚事？

他簡直是為反對而反對呀！

就在這時候，李清的腦裡閃過一個疑問：

「他不答應女兒嫁給沈宏，要是另找對象，他果真有把握使女兒過著幸福的婚姻生活？」

於是，原是一直以央求的口氣說話的他，突然改變話鋒，直截了當地把心中的疑問投給這位頑固老人：

「老先生，我知道您很疼愛您的女兒，可是，您絲毫不考慮年輕人的心意，一直反對他們的婚事。難道是說，放棄這次絕好的機會，您真有把握為女兒找到更好的對象？您也有把握這麼做就一定會為女兒帶來幸福？他們交往已久，彼此相愛，志趣又那麼投合，您有把握找到更好的對象，保證女兒跟別人結婚，必定得到比沈宏結婚更大的幸福？」

他一口氣說完後，瞪著老先生不放。

老先生突然楞了一下，然後，不禁沈思起來。李清的話，顯然發生了說服的效果。

頑固得無以復加的老父親，終於開啟心扉，接受了李清的央求。沈宏和黃小姐，終於在老父親的祝福中獲准結婚。

李清算是「不辱使命」，喜孜孜地回了台中。

沈宏和黃小姐不久就結婚。目前，過著同事們欣羡不已的幸福生活。

《文子‧符言》：「欲勝於人者，先自勝。」想要勝過別人，必須先戰勝自己。顧全大局的人，懂得注意言行的後果。

一味地拘泥，也許破壞了將來的生活。真心使別人得到利益，即使素不相識的人，也容易和睦相處，存心使人得到害處，即使父子之間也會彼此背離，而且互相埋怨。

【正能量感悟】

人生可貴的是相互知心，對待別人莫如誠懇，真正的誠懇可以行之於天下。

29. 愛心多深厚

——平凡中見偉大的親情

秀芝高中畢業後就到台北就職。

她的家在恆春，第一次離開自己的家到那麼遠的台北，又是初次踏入社會工作，使她一直感到不安。出發的日子終於到來。

當天早晨，天濛濛亮她就起來。從小生於斯，長於斯，想到就要出門遠行，使她一則以喜，一則以憂，心情的複雜，真是難以言喻。

而最使她感到意外的是，原以為會送她到車站的父親，居然丟給她一句：「女兒，保重身體，好好工作吧，爸爸今天很忙，沒辦法送妳到車站了。」說完，他就匆匆地走了。

父親是個公務員，平時又是對她疼愛有加，在女兒遠行之日，至少也會送她到車站的——她這種期待，無情地給粉碎了。

「難道爸爸對我這個女兒沒什麼親情？我是他的獨生女，又是第一次出門遠行，怎麼送我都不送一下？」她在火車上一直想著這個事，所以，對窗外明媚的景色也無心觀賞。

到了她要就職的公司，她還想著父親早上的行為，而打不起精神來。

兩天後。她在公司收到了父親寄來的限時信。信裏面寫了很多事，大致的意思是這樣的：

「妳大概已經平安到達台北了。

妳走後，腦裏一直想著妳，使我沒辦法專心工作……。

學校和社會是兩個全然不同的環境，說是有天壤之別，也不為過。

初入新環境，妳要特別注意跟別人和好相處，建立良好的人際關係，這樣才能愉快地工作，愉快地過日。

妳在台北，可說是舉目無親、無友，所以，務必跟其他同事結為好友，快快樂樂地工作，日子才不會覺得難挨，這是很要緊的事，得牢記於心。

人際關係搞得不好，就不會有好日子過，這是爸爸經驗之談，我要一再強調：必須跟同事們好好相處，好好工作……。」

文章寫得不怎麼順暢，但是，父親對女兒的愛心，溢於字裏行間。秀芝一而再地看那封信，從中體會到父親的愛心有多深厚。

她也想到，做父親的也是在默默之中，忍耐著別離的哀傷——他那天一早就走，不送她到車站，原來是藉此掩飾他的相離之苦。

「到底是父親，他畢竟是愛我、關心我的。」

秀芝下決心照父親的話好好工作，以實際的行動，使父親不再掛心她。

佛教有句話「如實知見」，意思是說，不要以有色眼光看對方，應該掌握實際才是正道。

恩情是人與人之間最為溫暖的情意之一，報答恩情也是人不可推卸的責任。如果連對自己恩重如山的人都無從體會、報答，豈不有如牲畜。

【正能量感悟】

不要讓感激成為一句空話，實際行動最能體現人的真誠。用愛自己的心去愛人，就是最大的仁慈。

30. 置身於外

——什麼都不做也是罪惡

這是法國大革命的時候發生的故事。

一個青年，受到某種嫌疑，給警官逮捕後，押進囚車裏面。這個青年，始終想不透自己何以被逮捕。因為他沒有參加別人的行動，一直是個旁觀者而已。

途中，他想了很多。

（當時在場的人那麼多，我一定是給誤為惹事的某一個人的吧。）

（他們是不是為了圖個表現，明知我無辜，卻故意抓我，設法捏造證據，逼我入罪？）

不想還好，愈想愈覺得不對，恐懼感也像浪潮那樣，一波波地襲擊他的心。

他又想：

（我又沒做出什麼犯法的事，怕什麼？官吏審問的時候，只要否認到底，不就得了？）

他極力壓制與時俱增的恐懼感，想故裝鎮靜，但是，始終按不住七上八下的心。

想著，想著，他就心裏愈來愈有氣。

（這些憲警是怎麼搞的？怎能胡亂抓人？）

滿載囚犯的車子，好像到達了目的地，嘎然一聲，車就停了。

從車上給趕下來的人，全被關在同一個房間裏，然後一個個給叫出去審訊。

終於輪到他了，他給帶進一間審訊室。當他站在審訊官的面前，立刻高聲抗辯說：

「我又沒有做出什麼犯法的事，怎麼隨便把我抓到這種地方來！」

審訊官看他情緒激昂，氣勢洶洶的模樣，不禁楞了一下。

「你沒有做什麼？」隔了一會，審訊官才這樣問他。

青年覺得良機難再。不趁此證明自己的清白，尚待何時？於是，以充滿自信的態度說：

「我的確沒有做什麼，如果您懷疑我的話有虛假，請詳細調查一下，實情就馬上大白了。」

邊點頭邊聽的審訊官，這才表情肅穆地說：

「在這樣的非常時期，什麼也不做就是一種罪惡呀，你懂不懂？」

那個青年，頓時啞口無言，垂下頭來。室內籠罩了一段沈默的時間。

「什麼也不做的罪惡」，審訊官那句話，像巨雷轟頂，把他那一顆沈睡不醒的心，轟醒了，當舉國為推翻暴政而出力時，什麼事也不做，的確是一種罪惡啊！

《壇經》說：「諸惡莫作名為戒，諸善奉行名為慧，自淨其意名為定。」

很多人都在尋找為人處世的智慧，卻不知道，多少巧妙的方法都不如提升自己的修養來得重要。

【正能量感悟】

在我們要求別人對自己公平的時候，也要秉承公正心去辦事。每個人都不是獨立的個體，多少都會與社會的其他人發生關係。

31. 挨揍

——主張寬容卻不對人寬容

法國人聖堤布福（Chrales Augustin de Sainte-Beuve 一八〇四～一八六九年，詩人，文學批評家，起初習醫，後來棄醫習文學，成為浪漫派批評家，而享有盛名，在確立現代文學批評的基礎上，其功厥偉。代表作有《十六世紀法國詩類演劇的歷史性概觀》、小說《愛慾》等）說過這樣的故事：

有一位教授，正在講台上演講。

他講的題目是：「有關寬容的美德」。

由於措詞鏗鏘有力，條理井然，聽眾都給他的話迷住了。大夥都此起彼落地喊說：

「不錯，不錯，寬容才是人類的美德！」

就沒想到，聽眾中的一位，突然站起來，衝著那位教授說：

「我反對這個說法，有時候，不寬容也有其必要啊！」

他這麼一嚷，不幸的事就發生了。

剛才還對教授的論調大喊「不錯，不錯」的那些人——對寬容是美德的說法大表贊同，幾近狂熱的聽眾——聽有人唱反調，不禁怒火三丈，斥他說：

「哪兒來的傢伙，膽敢在此唱反調？」

然後，一群人就圍了過去，把那個「異端者」揍了個半死，丟到場外去。

故事到此為止。

各位可曉得聖提布福這個故事，告誡了我們什麼？

《史記‧商君列傳》說：「反聽之謂聰，內視之謂明，自勝之謂強。」意指能聽取反面意見，才能稱為善於聽；能不護短地看清自己的缺點，才可說是目光敏銳；能自我約束，才算是真正的強有力。

釋證嚴上人說：

「理講太多，情就薄；不如放下身段，用愛和感恩與人心貼心。」

「感恩、互愛，是福慧的活泉。」

人往往嚴以待人，寬以待己，小心你怎麼對待別人，別人也就照樣對待你。

【正能量感悟】

發脾氣，將使智慧無法增長。

重要的是什麼才是對的，而不是誰是對的。

32. 爭執

——只在必要的時候說必要的話

這是在西德漢堡市發生的故事。

在擁擠的大車中，一個女孩突然尖聲大叫：

「別擠我！」

給說成擠她的一位中年男子，對他充滿敵意的話，大概感到不悅，立刻回她一句：

「是後面的人在擠我，我是身不由己啊！」

女的似乎碰到什麼髒物那樣，搖了搖上身，又迸發一句：

「討厭死了！」

中年男子瞧她那種態度，無名火大起，衝著她說：

「少臭美了，誰稀罕接近妳這種女人！」

這麼一來，雙方的火藥味就只濃不輕。

女的沉下了臉，又吼了一句：

「我不是說長相的事，別用身體猛擦著我！哼，你又英俊不到哪裏，撒把尿照照尊臉吧！」

「什麼！妳這個豬八戒長相的臭女人，神氣什麼呀？妳以為妳是蒙娜麗莎，碰不得是不是？」

一男一女，吵架之聲愈來愈烈。車廂中的人，目睹此狀，似乎都一肚子不悅，只是隱忍不發而已。他們兩個人好像不在乎四周乘客的蹙眉皺額，還是你一句我一言地罵個不停。

他們好像忘了這是公共場所，毫無為周圍的人設想的念頭。整個車廂的人都為他們的舌槍唇劍，攪得心緒不寧，不快到了極點。

《壇經》說：「世人性本清淨、萬法從自性。思量一切惡事，即生惡行；思量一切善事，即生善行。」

生活在人世間，應該以善念來修行自己，使自己能夠明心見性。做事之前一定要自覺自省，口不擇言只是掩飾自己的缺點而已。

《華嚴經》說：「離妄語，常言真實，諦其語，夢其不妄語。」

講話時，我們要機警地察覺出對方的立場和當時的情況，有時應改變口氣，適當地表現。我們最好以對方覺得順耳的語言表現，以傳達我們的誠意。

任何時候，說話都要顧慮到下面的原則：

在必要的時候，把必要的事，以必要的方法，只說出必要的話。

【正能量感悟】

多一分心力去注意到別人，就少一分心力反省自己。

與人相處之道，在於無限的容忍。

33. 自尊心

——人，不喜歡受命而動

這是在東京發生的故事。

往早稻田的電車，在「飯田橋」車站停的時候，上來一位老太太。車上的座位都坐滿了，沒有一個空位。通道上還站了五、六個乘客。從後車門進來的老太太，由後面一步步往前面走，邊走邊看坐著的每一個乘客。她的臉上寫著：

「我是個老人，你們應該讓位給我呀。」

給她瞄上一眼的乘客，個個都把臉歪到一邊，不是裝著看手機，就是朝著窗外，看車外的景色，不搭理她。

老太太一直走到車廂前門附近，發現沒人搭理，不太情願地又掃視了一下車內。這時候，所有的乘客還是一點也無動於衷。

電車駛到「大曲」站的時候。一位帶了小孩子的年輕太太，喘著氣上了車。「還好，小乖，我們總算趕上車了，電車就要開動了，妳要抓緊呀，別給震倒了。」

她催小孩走到車窗附近。

奇怪的是，剛才對那位老太太漠不關心的乘客，卻紛紛起立，齊聲要讓位給她。

坐在車上的伊藤看到這個情況，心想：

「人，真是有趣的動物。」

他想到不知是誰說過的一句話：

「人都有自尊、自蒙之心，所以，凡事喜歡自動，不喜歡受命而動……。」

《壇經》說：「善知識，常行十善，天堂便至。」日行一善，看似困難，真正想實施其實很簡單，因為善不在大小，有心則行。

【正能量感悟】

不懂得自愛的人，是沒有能力去愛別人的。

34. 一張車票

——用關愛別人來報答我

王先生家住台中市近郊的T社區大廈，供職於某家機械製造工廠，所以，天天都要搭公車上下班。

一天，他下班後趕到公車站，正巧往他住區的公車就要開了。他急忙跳上去，為自己的及時趕上這一班車而慶幸。當他想刷悠遊卡，把手伸進口袋時，這才發現身上沒帶皮夾。

他忙著搜尋所有的口袋，也找不到皮夾。

「糟了，我的皮夾為什麼不見了呢？」

正當他急得滿身大汗，坐在他身邊的少年——大約是國中二年級那種年紀——瞧他的模樣，心裏直發疑，問他說：

「叔叔，您怎麼了？」

王先生覺得對這個小孩子說了也無濟於事，可是，看他一臉認真的模樣，只好答說：

「我把皮夾忘在公司，這下子沒悠遊卡及零錢買車票了，真糟糕！」

少年一聽就遞給他一張悠遊卡，說：

「叔叔，我給你一張悠遊卡。」

儘管王先生不大想接受這個解決困境的好意，但形勢所迫，只好接受了。

他問少年：

「你自己呢？是不是還有悠遊卡？」

「有啊。」

「你的家也在T社區？」

「嗯……」

「地址呢？」

王先生一意要問出少年的住址，少年卻答說：

「我不想說。」

王先生緊著問：

「叔叔一定還你一張悠遊卡，可是，你不告訴我地址，我怎麼還？」

少年從此閉口不答話。

王先生不禁大為詫異，問說：

「你為什麼堅持不告訴我地址？」

那個少年想了一下才答說：

「好久以前，有一次，我也忘了悠遊卡，身上又沒帶錢，那時候，有一位老先生也送給我一張悠遊卡。

我問他：

『老先生您住在哪裏？我回家後一定請媽媽送還您一張悠遊卡。』

那位老先生說：『你別還我了，只要你碰到別人也為這樣的事發窘，你就幫助他，那就等於還給我了。』

從此以後，我一直想找個機會幫助別人，就像那位老先生幫助我那樣。」

少年說這個話的時候，滿臉生輝，雙眼發亮。

愛。

「原來如此。」

王先生雖然只得到一張悠遊卡的幫助，卻覺得自己獲得了無比的施恩。

他下定決心自己也要像這個少年，找機會幫助別人，哪怕只是一件小小的關愛。

後來，王先生在社區市場看到跟媽媽走在一起的這位少年，因而獲知他的住址。王先生和那個少年從此成為很要好的朋友，雖然他們的年紀很懸殊，卻無礙於建立彼此間可貴的友情。

《涅槃經》說：「知善因生善果，知惡因生惡果。」

我們要擁有慈祥的溫柔以及充滿智慧的嚴肅才能如意地處世。所謂「外柔內剛」，那是指無論站在個人或團體的立場上，都不能偏向內涵和外表，必須待人柔和，對自己嚴格，兼備阿彌陀佛的慈悲。

【正能量感悟】

人生的意義是奉獻，不是索取。眼前所吃的虧，將來必定能得到更大的報償。心懷感恩、知恩相報，就是踏實的人生。

35. 最便宜的房間

——我可沒有富豪的父親

石油大王洛克菲勒（John Davison Rockefeller 一八三九～一九三七年，美國大資本家、大富豪），世界有名的富翁。

有一次，他為了公事飛到華盛頓，投宿於威拉特飯店。

他問服務生還有沒有最便宜的房間。

家財億萬的石油大王，居然要住在最便宜的房間，實在令人大感訝異。服務生抗議似地回說：「可是，洛克菲勒先生，您的公子住這兒的時候，總是預訂最好的房間，您卻要最便宜的房間，這是什麼道理？」

洛克菲勒答得妙：

「噢？那是他的福氣。他有一個富有的父親，我可沒有啊。」

《儒林公議》說：「儉則常足，常足則樂而得美名，禍咎遠矣；侈則常不足，常不足則憂而得訾惡，福亦遠矣。」

意指節儉就經常感到滿足，經常感到滿足就自得其樂，還受到他人稱贊，災禍也因此遠離你；奢侈就經常覺得不滿足，經常覺得不滿足就憂慮傷感還被人誹謗憎恨，幸福也因此遠離了你。

【正能量感悟】

看得開，世界沒有不能解決的事；看不開，即使享受，也覺得索然無味。如果願望得到了滿足，我們卻往往會感到遺憾。

36. 施與

——拿出自己最重要的東西才有價值

「今天，我一定要斷然拒絕他們的要求。」出門之前，老婦人就這麼想。

這一天，下著很大的雨，在這樣的天氣也不顧一切地跑出來，目的是想快快為這一件事打個休止符。

老婦人平時以慈善家聞名。到目前為止，她不時捐東西給遭到天災地變的人，或買了很多衣料，送給本市的貧民。可是，這一次的事，性質大不相同，使她無法像平時那樣，爽口答應。

雖然目的是為了貧苦無依的孤兒們著想，要她捐出祖傳的土地來建造孤兒院，她著實無法同意。她對世世代代傳來的那一片土地，有無限的感情，何況她年紀已老，此後的生活，主要的收入來源，就靠那塊土地。

這是跟她此後的生活，直接有關係的事。說得嚴重一點，她若失去這一塊土地，她的生活馬上就要受到影響。

「即使對方如何懇求，也不能動起一丁點同情心，否則……」

想著，想著，老婦人的腳步就愈來愈快了。

雨勢愈大，風也吹得更起勁了。不多久，她到了目的地——一個慈善機構古色蒼然的房子。

她推開大門，進去裏面。由於是個大雨天，走廊上到處濕濕的。她在玄關口尋找拖鞋來穿。

「請進！」

這時候，隨著明朗的聲音，一位機構裏面的女辦事員，出現在她眼前。

那位女辦事員，看到拖鞋都沒有了，居然毫不考慮地脫下她自己的拖鞋給老婦人穿。

「真抱歉，所有的拖鞋都給別人穿了。」

那位小姐還向她懇切地陪不是呢。

老婦人看到那位小姐的襪子，踏在地板上，一剎那之間，給染濕了。

老婦人為她這個行為，感動莫名。就在那一瞬間，她才感悟了「施與」的真正的意義。

她想：（平時，我被大家稱為慈善家，可是，我做的慈善行為，到底是些什麼？我捐出來的，全是自己不再使用的舊東西，再不就是挪用多餘的零用錢罷了。

那與其說是「施與」，不如說是「施惠」來得妥切。所謂的「施與」，應該是拿出對自己來說是最重要的東西，那才有莫大的價值呀！）

老婦人的內心突然起了三百六十度的大改變——她決心提供那塊祖傳的土地，給這個慈善機構，為可憐的孩子們建立設備完善的孤兒院了。

老婦人對那位女辦事員說：「好溫暖的拖鞋。」

女辦事員紅了臉，不好意思地說：

「對不起，我一直穿著，所以……」

老婦人連忙打斷她的話：

「不，不，我沒有怪妳的意思，我是說，妳的心，令人感到溫暖。」

老婦人向她投以親切的微笑，然後，朝著幹部辦公室，急步走過去……。

這是發生在法國的故事。

做好事，不在於其做多或少，應該做的就要做。

【正能量感悟】

有一種懂得，只淡淡的，如春風化春雨滋潤著心田。心中有「愛」，就知道什麼該做，什麼不該做。

37. 踐約之日

——奧亨利寫出人間真實、無奈的一面

一個風雨交加，冷意徹骨的夜晚。一位巡邏警官正緩步走在馬路上。時間約莫在十點左右。這位警官邊走邊巡視家家戶戶的門是不是關緊，偶而把雙眼投向寂靜的路上。

這一帶的人，早上起得早，晚上也睡得早，偶而有香菸攤子的燈光在閃耀而已。

絕大部份的商店和公司，早就大門緊關，靜無聲響。警官繼續往前走。他遠遠看到前面一條街那家早已關門的五金店入口處，有個男人，刁著一支沒點燃火的雪茄，偎靠在那裏。

當警官走近他，他就自動開口說：

「警官先生，我不是什麼可疑的人物。我在這裏等著一個朋友。我們曾經在

二十年前約好今天在這兒見面。要是不信，我可以告訴您一個事實。這個五金店，以前是一家餐廳——表演大型節目的普拉第餐廳，您說，對不對？」

警官答說：

「普拉第餐廳嗎？五年前它還屹立在這裏，業主把它拆掉，建了商店。」

那個等朋友的男人，擦了火柴，點燃了雪茄。

一小團火焰，照亮了他的方形下巴，蒼白的臉色、尖利的眼神，還有右邊眉毛附近的一道小小的刀傷。警官頓時瞪住了他。

那個男人，二十年前在普拉第餐廳，跟他的朋友——吉米・威爾茲一起用餐。當時，吉米是二十歲，他是十八歲。兩個人平時就情如兄弟。

聚餐之後的隔天早晨，他們就互道再見——那個男人打算到西部撈一票。聚餐那天晚上，他們約誓，不管境遇有了如何的變化，二十年後的今天這個時間，一定要在這兒相會。

警官聽完他的話就問：

「這倒是很有趣的事。那，到西部後，你那位朋友是不是繼續跟你通信？」

那個男人答說：

「有一段時候，我常接到他的信，可是我到處奔波，住址不定，後來就再也沒接到他的信了。但我知道吉米是個很重信用的人，絕不可能失約，不然，我何必老遠從一千哩的地方趕來？」

他掏出懷錶，看了一下，說：

「十點還差三十分鐘。當年，我們分手的時間是十點正。」

警官又問他：

「你在西部幹得如何？」

他把在西部闖了二十年的奮鬥史，一五一十地說出來。他的領帶別針、懷錶，都鑲嵌了耀眼的鑽石，表示這個男人，的確有了一番成就。

警官說：

「打擾了，我得再去巡邏管區，但願你那位朋友能夠不食言。你是不是只肯等到約好的時間？」

「絕不，我當然要等到他來。不見不散呀。只要吉米還活在人間，他一定在三十分鐘之內就到的。再見，警官先生。」

「再見！」

警官慢慢走遠了。雨，又細又冷，偶而刮來一陣風。

路過的行人，無不把外套的領字豎起來，雙手插在口袋，緊閉著嘴，匆匆而過。

不一會，一個豎起外套領子的高個子男人，朝著他走過來。

「你是玻普嗎？」

來人這樣呼他。

「你是吉米・威爾茲吧？」

兩個人擁在一起，慶幸二十年來的第一次相見。

「餐廳早就拆了，如果還在我們倒可以在原來的座位大嚼一餐的。不過，吉米，你也改變得太多了，身高居然高過我數公分，這真是做夢也想不到呀。」

「是過了二十歲後才又長高的。」

他們互挽著手走到大路上。

街角一家藥店，燈光還亮著。他們打算在燈光照耀下，把對方看個夠。

「你不是吉米！二十年的歲月，雖然夠長，可不能把一個人的鷹鉤鼻改變成獅子鼻呀。」

玻普把挽著對方的手，急急地拿開。

高個子的男人回說：

「二十年的歲月，也會使一個人由好人變成壞人呀！」他頓了一下，又說：「老實說，你再十分鐘就給逮捕了，玻普。芝加哥警局早就跟我們聯絡，說你可能會到這裏，他們要逮捕你。怎麼樣？你不會抵抗吧？……那就好，不過，有人託我帶給你一封信，你在窗口看完它，我們才走。是巡邏組的吉米・威爾茲託我的。」

那個到西部闖了二十年的玻普，默默地看完了信後，雙手不斷地顫抖著。

信的內容是這樣：

「親愛的玻普，我在約定的時間，到了我們相會的地點。當你擦了火柴，我才看出你就是芝加哥警局通緝中的人。

我不能當場逮捕你，只好回到警局，請便服刑警出面處理這件事……。」

上面這個故事，是有美國莫伯桑之稱的奧亨利（O‧Henry，一八六二～一九一〇年，美國小說家，代表作有《最後之一葉》等，擅長短編小說）寫的一篇小說。

奧亨利在四十八年中寫了二百七十篇短篇小說。他自小喪父，沒受過正規的教育，曾經到處供職，也在南美放浪一段時日。

他之所以寫小說，據說是為了給亡妻留下的獨生女——瑪格麗特，送禮物才寫的。

這個故事充分顯示大都市底層的哀愁，把人間真實、無奈的一面，刻劃得至為感人。

人生要面對現實，注重真實，做實際的事，必得成就。

【正能量感悟】

人之相知，貴相知心。朋友之間，不推心置腹地互相交往，只能算是表面上的朋友。

38.鼠糞事件

——盡忠職守的機靈店員

美國某個軍事基地附近，有一家規模頗大的S麵包店。軍事基地的福利社，向來都買S店大量的麵包或種種餅乾之類東西。

一天，一個叫約翰的十八歲青年，負責送貨到軍事基地的福利社。也不知是什麼緣故，過了很久，約翰還不回到S店，平時，來回只需十分鐘，今天卻一去就半個小時，害得店裏的人大為掛心。

約莫四十分鐘後，約翰才臉色蒼白地回來，向老闆莫勒斯先生說：「福利社主任克拉特上尉有事請老闆去一趟。」

約翰說完就躲進裏面。事關生意，所以，莫勒斯先生就急忙趕去福利社，找克拉特上尉。

這位克拉特上尉，平時以喜歡「挑疵」聞名，也許他是抓到什麼毛病，要大發雷霆了。

要是他不高興或有什麼不滿意，而停止購買S店的東西，這個損失可真大，所以，莫勒斯先生急得像什麼似地，不敢絲毫怠慢，丟下店務，立刻趕到福利社。

一看到克拉特上尉，果然臉上青筋浮現，好像很生氣的樣子。

他一見S店老闆劈口就吼了一聲：

「今天從你的店送來的麵包中，發現夾了一顆鼠糞，這未免太不衛生了，我要下令停止購買你們S店的東西一個月！」

莫勒斯先生聞言大驚，頓時發了呆，答不出半句話來。他想：

「這下子可糟了！」

隔了一會，克拉特上尉忽改口氣，不勝欽佩地說：

「不過，莫勒斯老闆，你那個店員真了不起。」

他頓了一下，笑著說：

「我抓出那顆小豆子大小的鼠糞，衝著他說：這是什麼？你要大兵們吃這鼠糞呀？

你猜他怎麼應變？起初，他也大吃一驚。可是只一會，他呀，竟然從我手中奪去鼠糞，說了一聲：

『上尉，這哪兒是老鼠糞？這不是豆沙嗎？不信，我吃給您看！』說著，就當著我的面，把它吞下去。這下子，輪到我大吃一驚了。」

說罷，哈哈大笑，聲震室內，久久不散。笑夠了，他又說：

「莫勒斯老闆，本來是要停止購買的，可是，看在您那個店員為自己的店不惜吞下老鼠糞的生意熱忱和誠意，這次，我只有網開一面了。因為可做證據的老鼠糞，給他吃下去了，叫我如何告發他？不過，希望S店以後在衛生上要特別注意。」

且不說吞下老鼠糞是不是不衛生，約翰青年這種機靈應變，轉禍為福，終於保全S店面子的行為，實在值得特記一筆。這是三十年前發生的事。

約翰目前在他的故鄉——華盛頓的某一條鬧街，經營著一家麵包店。生意之鼎盛，有口皆碑。

美國第二十六任總統羅斯福曾說：「此刻，在自己的崗位上，以個人所擁有的東西，對自己能力範圍之內的事全力以赴。」

韓非子在六反篇中說：「明主聽其言，責其用；觀其行，求其功。」

凡事最重要的莫過於腳踏實地，盡力而為。即使只是小小的一個實踐，也遠勝過一百句甜言蜜語。

【正能量感悟】

人與人之間，最大的吸引力是你傳遞給對方的信賴與踏實。做人，就要做一個讓人放心的人。

39. 不射之射

——名箭手紀昌的一生

西元前四世紀前半到西元前三世紀前期，在趙國的國都——邯鄲，有一個人叫做紀昌。他下決心要成為最受人尊崇的射箭名人。

當時，已有一位無人出其右的射箭名人，叫做飛衛。他箭術之高，足以對百步之遠的柳葉百射百中。他的神乎其技，實在是無話可說。紀昌為了成為射箭的名人，特地趕老遠的路去找飛衛。

飛衛無意收他為徒，紀昌卻不斷地叩門求他，飛衛見他一片誠心，終於答應收他，不過，他卻附了一個條件，他說：

「要成為拔尖的射箭名人，必須養成不眨眼的習慣，你先回去練好這個功夫再說。」

紀昌回家後，鑽進太太的織布機下面，仰臥在地板上，打算用這個方法練習目不轉睛的功夫。不知情的太太，以為他是神經有了問題，經他怒斥之後，才開始織布。

紀昌天天仰臥在織布機下面，修練見到引緯線的梭，來往飛馳之時，也不眨眼的功夫。

這樣修練了兩年，見梭子來回也不眨眼了，非但如此，有人拿銳利的錐子，刺到他眼前，或是灰塵入眼，也無法使他眨眼。更驚人的是晚上睡覺的時候，他也可以開著雙眼。

練到這種程度，他當然是信心十足了，於是，連忙跑去告訴飛衛。

飛衛聽他的報告說：

「光是不眨眼還不行，你得再練注視東西的功夫。」他又吩咐紀昌：「記住，要練到看細小的東西也能看成數百倍、數千倍，不，數萬倍才行！」

紀昌由於急於成名，又折回去家裏。

他從衣服找出一隻蝨子，用頭髮把它吊在窗口，然後，天天瞪著雙眼看它。

第一天看的時候，蝨子還是原來的蝨子，大小並不變，可是，連看了十天，他就覺得那隻蝨子似乎變得比前大了些。三個月後，蝨子就變得像蠶那麼大了。

紀昌日以繼夜地注視那隻蝨子，戶外的風景，也由春天變成夏天，夏天變成秋天……。

他已經換了數十隻蝨子。

如此這般，把蝨子用頭髮吊起來注視的功夫，整整練了三年，其間，蝨子的樣子漸漸由小變大，到後來，一眼就看成一隻馬那麼大。他為自己的修練有成，至為欣慰。

當他走出戶外，放眼一望，連自己都有點不敢相信以為真。

因為他發現看到的人，活像一個高塔，看到的馬，活像一座山，看到的豬，活像一處丘陵。也就是說，四方所見，無不龐大到原先的數百倍、數千倍。

屈指算來，自從他決意成為射箭名人，已經過了五年歲月。

但是，除了自練注視和不眨眼的功夫之外，他還沒向飛衛學到射箭的真正技巧。

他懷著一顆興奮的心，跑去找飛衛，向他報告注視功夫的修練結果。

這次，飛衛才很難得地開口讚他：

「幹得好，這麼一來你就不難成為射箭名人了！」

飛衛果然傾其所能，把自己的射箭術全都教給紀昌。由於已經費了五年時光在基本訓練——注視和不眨眼的功夫，所以，紀昌在射箭方面的進步，表現了驚人的效果。

十天後，他隔著百步之遠，射一片柳葉，真正做到了百發百中的地步。

一個月後，他試著用一百支箭來個「快射」。第一支箭，正中箭靶。第二支箭的箭頭，射中了第一支箭的箭尾。他連續射出去的每一支箭，都射中前面那支箭的箭尾，一百支箭就這樣連成一條直線。射箭能到了這個地步，可真是天下罕見，紀昌當然為自己的成就而樂不可支。

兩個月後，他回了家。

他想嚇嚇太太，所以，一搭箭就往她的眼睛射去。那支箭，射斷了太太的三隻睫毛，飛到前面。怪就怪在，他的太太對這毫無知覺。紀昌的射箭術，可說又快、又正確，連他都對自己這種旁人不能及的箭術感到自傲。紀昌覺得他的師父已經無法再教他什麼了。

他得意萬狀，傲氣充滿了全身，散發出一種人見人畏的殺氣。他的雙眼，變得好像利可穿人，只要目之所及，就產生一種壓倒眾物的氣氛。

世上絕無為第三者的成功衷心而喜的人，有一夥人見他箭術如此高超，就笑說：

「就算你的箭術已經達到這麼爐火純青的地步，你還是輸給一個人——你的師父飛衛。只要他還存在，天下第一的稱號，還不是輪不到你頭上來？」

這個話使紀昌起了一個不該有的念頭。

為了坐上名符其實天下第一的寶座，他得除掉師父飛衛，否則，他永遠做不了天下第一。

比賽的時候，靠真本領打敗師父，這個事實，自古所在多有，但是，企圖用比賽的方式來射死師父，這以怨報恩的手段，可就是世所罕聞。

一天，他朝著迎面走來的飛衛，射了一箭。飛衛何許人也，立刻看出了這個徒弟的用意，立刻拉弓搭箭，也射了一箭，那支箭，勁頭之強，速度之快，無與倫比。兩支箭就在兩個人距離的正中，箭頭對著箭頭，碰在一起，吧嗒一聲，掉到地上。雙方射出的第二支箭，也復如此掉到地上。

飛衛的箭射完之時，紀昌還留有一支箭。

紀昌心中暗喜，立刻射出他手中僅剩的一支箭，以為這一下子可把師父置之死地。就沒想到，飛衛彎身折了身邊一隻蒺藜，使勁一揮，把紀昌那支利箭揮落。這是飛衛從沒教給紀昌的一招。

就在這時候，紀昌才悔恨之念頓起，心想：

「我怎能以怨報恩？這簡直是魔鬼作祟！」

紀昌有了反省之念，而飛衛也由於千鈞一髮，有驚無險，對這位徒弟的怒意也一掃而光。兩個師徒就這樣相擁而泣，久久不動。

飛衛覺得師徒之間不可再發生這一類的事，於是，為紀昌指出另一個新目標。他說：

「我的箭術，你已經全都學會了，如果你還想窮究箭術，不妨到西方大行山脈霍山之頂。那裏有一位射箭名家叫做甘蠅。跟甘蠅大師一比，我們的箭術就如兒戲，不值一談。你就去找他，拜他為師吧。」

紀昌的心裏仍然想做天下第一，聽飛衛這麼一說，他恍悟離自己的願望還有一大段距離，當然急著要去會會這位大師。

他行行復行行，跋山越嶺，費了一個月工夫才爬到霍山之頂。

迎接來意不善的人，是一位步伐蹣跚，雙眼發出綿羊那種慈祥眼光的老頭。瞧他那副模樣，年齡少說也有一百歲。

「您就是甘蠅大師？」

「不錯，你是誰？」

「我聽說您是射箭名人，天下無人能比，所以，慕名前來，想拜您為師。」

老實說，紀昌並不覺得甘蠅有何本領，他想來個下馬威，因此，不等甘蠅回話，就拉弓搭箭，對準正要飛過頭頂的一群鳥，颼地射去。

那支箭，果然沒有虛發，一次射中了五隻飛鳥，成為一串，掉到地上。

甘蠅見狀，微微一笑：

「好傢伙，看來，你的箭術是有點基礎了。」

他接著說：

「可要知道，這只是為射而射，一箭射去，射中目標，乃理所當然，沒什麼稀奇。真正的射箭名人，必須練到不射之射的境界，也就是說，不射出箭也能射中目標，你可懂得個中道理？」

紀昌大為不樂，心想，天下哪有不射出箭就能射中目標的?這糟老頭未免誇口過實了。

甘蠅做了個手勢，要紀昌跟他走。他把紀昌帶到離那裏約莫三百公尺遠的絕壁之上。

腳下，一眼望去，是足足有千仞之高的斷崖絕壁，谷底有一條如絲帶的小河。人一站在絕壁之上，但覺天旋地轉，使紀昌渾身顫抖，無法自制。

就在這時候，有一隻鳶鳥，飛旋於山頂之上。那隻鳶鳥飛得好高，從山頂看去，其大如芝蔴，甘蠅拉弓做出射箭的「姿勢」，只那麼一擺射箭的「姿勢」，那隻鳶鳥就中了魔似地，掉了下來。

這就是「不射之射」的奧義了？

紀昌有如觸了閃電，心中頓起一陣戰慄。

他在這時候才發覺自己瞥見了技藝的世界，深不可測的一面。

紀昌在甘蠅身邊，足足有九年之久。世人並不曉得他修練了什麼驚人的射箭術。

九年之後，他下了山。見到他的人，無不驚異於他的容貌大變。原是好強絕不服輸，悍氣十足的容貌，不復可見，換來的是面無表情，形同一個窩囊廢的人了。

當他去拜見久未見面的飛衛，一看他這種面貌，師父就嘆說：

「你呀，總算成了天下第一的人了！」

邯鄲的市民，風聞他懷著絕技回來，無不高興異常，巴望這位天下第一的箭術名人，早一日公開他的妙技，使大家一開眼界。

也不知是什麼緣故，紀昌回來後，悄無消息，沒有為國人展現妙技的跡象。

在他死亡的一、二年前，曾經應邀到一個熟人的家作客。

他發現室內擺放著一種器具。這個器具，在他的記憶裏若隱若現，但是，始終想不起來。

他問主人說：

「這到底是什麼？」

「您這是開玩笑吧，怎麼看不出它是什麼來了？」

「我的確記不起來了，它究竟是什麼？」

「號稱射箭名人的您，居然連弓箭都認不出來，難道你把箭術也都忘淨了？」

主人為這個事實驚愕得說不出下一句話來。

從離開甘蠅大師之後，四十年之久，紀昌就不再跟弓箭為伍，在安寧中結束了他的一生。

這個故事，到底告誡我們什麼呢？

劍道上有所謂的守、破、離三種秘訣，就很像這個道理。學某種技藝，起初，要忠於基本，接著是為達到目的而戮力以赴，燃起熱情——最後，就靜悄悄地遠離它。這種過程，很令人值得冥想、思索。

《宋史・職官》說：「提綱而眾目張，振領而群毛理。」比喻抓住了事物的關鍵或主要部分，其他部分就會被帶動起來。能考慮、計畫得長遠一些，就能避免遭受挫折。

【正能量感悟】

人類社會的事情，不積極進取，就沒有哪件事能辦好；振奮精神去做，事情也不一定困難得束手無策。

40.見機而為

——亂吐口香糖的青年

有一天，馬格太太搭紐約的地鐵，打算到郊區找一位朋友。

時候是午後二時左右。車廂中的乘客，並不多。大部份的人都有座位可坐。馬格夫人也輕易找到一個座位坐了下去。

當她坐下，往前一望，發現顯然是一夥的三個青年，把長腳伸成一個大字，不斷嚼著口香糖說話。看他們的年紀，大概是高中生。他們熱衷於談論影片、影星之類的事，聲音之大，整個車廂的人都可以聽到。這還不算有什麼大礙，問題就在，邊談邊把口香糖的渣，旁若無人地吐到通道上。

附近的乘客，雖然皺著眉頭，卻故裝不見，沒有人提醒他們。

馬格太太心想：

「怎麼沒有人提醒他們？」

繼而又告訴自己：

「這，怎麼行？希望別人來做，不如自己來做呀，我該怎麼說他們呢？」

可是，那三個青年，個個塊頭很大，腕力必強，似乎是打架能手。自己只是個弱小婦女，萬一引起爭執，以車廂中現有的乘客，好像沒有一個足以幫助她的。

雖然決心自己來提醒他們，她卻由於形勢所迫，遲遲想不出妥切的辦法。

正當她左思右想的時候，上來操著外國語的兩位外國人。

正巧，那兩位外國人，個子很魁偉，馬格太太想：

「如果起了爭執，這兩位外國人一定會幫我的忙。」

於是，她就適時離座，走向三個年輕人，從手提包裏抽出幾張衛生紙，坐在他們身邊。她以親切的口氣說：

「我想你們大概是沒衛生紙了，喏，你們就用它處理口香糖的渣吧。」

三個青年，起初傻了一下，但立刻不好意思地說：

「啊，抱歉，抱歉，這位太太，真謝謝您了。」

他們毫無反抗之意，很順從地從她手裏接了衛生紙，把嘴裏的口香糖包起來。

同樣是提醒一件事，「說的方式」和「該說的時機」，至為重要。

這個故事告訴我們寶貴的處世秘訣之一。

當時，馬格太太如果開口就說：

「你們呀，這樣亂吐口香糖的渣，年紀都那麼大了，成什麼體統！」

要是如此說法，那三個青年，能夠那麼快順從地接受她的勸告嗎？

《長阿含經》說：「可敬知敬，可事知事，博施兼愛，有慈湣心。諸天所稱，常與善俱，不與惡會。」

從古至今，社會上所需要的都是善，此乃人性中對美好品德的一種追求。做出善舉的人們，不僅會被人們爭頌，還讓人們的心暖了起來。

【正能量感悟】

江湖險，人心更險；登天難，求人更難。生活需要磨鍊，人生更需要洞悟，看多世事胸襟闊，閱盡人情眼界寬，能夠主宰你的，永遠是你自己。

41. 最好的女演員

——瑪麗蓮夢露的機智

喜劇界泰斗莫里斯・修巴列，他最欣賞的名影星原是唐格特小姐。後來，他認為瑪麗蓮夢露才是最好的女演員。原因是這樣的。

有一天，某位演員在他的家，舉行慶祝會。由於大部份客人還沒到齊，已到的演藝界人士，就在那兒閒聊。瑪麗蓮夢露也是其中的一個。

不久，慶祝會就開始了。隔一會，進來一位個子修長的老人。他就是已經七十多歲的修巴列。

客人們在他走過的時候，不是站起來打招呼，就是特地趨近，向他行禮。當時，夢露還不認識修巴列，所以，坐在椅子上，回頭向他望了一眼而已，並沒有起身敬禮。

修巴列看她一副蠻不在乎的樣子，顯然大為不悅，他臉上的表情寫著：

「這個小角色女演員，太不懂禮貌了。」

主人看出修巴列一臉不悅的模樣，急忙走近夢露，告訴她：

「夢露小姐，這位就是修巴列先生。」

夢露頓時露出大為不解的表情，答說：

「您這是開玩笑吧？」

主人莫名其意，又重複說：

「不，他就是名符其實的修巴列老先生。」

夢露說了一聲：

「老先生？」

她驚得差一點就從椅子上滾落下來，隔一會，她才說：

「太年輕了，所以，我一直以為他不可能是修巴列先生啊！」

夢露馬上向他鄭重地陪不是。她的率直和臨機應變，使剛出道不久的夢露，在修巴列腦裏留下深刻的印象。

從此以後，他就到處宣揚說，夢露是當今的影劇界最好的女演員了。

《壇經》說：「心地含諸種，普雨悉皆萌，頓悟華情已，菩提果自成。」

俗話說，是禍躲不過，是福逃不開，面對不知的機緣應該有一顆平常心，隨遇而安，隨性而為，順應自然的發展，自然就能瓜熟蒂落水到渠成。只要用心對待身邊的每一個人，那麼你此生，必然會遇到同樣願意無私待你的人。

【正能量感悟】

好人品，是一個人最大的財富，善的語言，可以受用一生。智慧是無相的，既抓不到，也看不到，在人群中恆順眾生，就是智慧的表現。

42. 該怒不怒

——其心難測的元載

唐朝的第七代皇帝是肅宗。

那時候，有個宦官叫做朝恩，受命任觀軍容使之職。觀軍容使這個職位，並不是唐朝開國就有的。唐朝就在這一段時期，內有宦官橫暴，外有藩鎮（節度使）的跋扈，而漸有衰亡之兆。

乾元元年（七五八），郭子儀為首的九個節度使，合力攻打安慶緒（起兵叛亂的安祿山之子，號稱大燕皇帝），奪回長安和洛陽。一敗塗地的安慶緒，逃往鄴（在今河南省），在那裏自稱安王朝。

隔年，郭子儀等又率兵攻安慶緒，打得他兵敗如山倒，但還不至於致其死地。安慶緒猶做困獸之鬥，他以利誘請安祿山過去的武將——史思明，率兵來援。史思明果然領了大軍來支援安慶緒。官軍為了殲滅這一支大軍，只好也急急派出軍隊。

肅宗在派出軍隊的時候，由於大將郭子儀、李光弼，都是勢鈞力敵，不分軒輊，只好將郭、李兩人置於平等的地位，另派宦官朝恩在他們兩個人之上，才賜予朝恩「觀軍容使」這個官名。

朝恩對這個官名至為高興。到了代宗的時代，他就把這個官職擴大，自稱為「天下觀軍容宣慰處置使」，成為近衛兵的總指揮。這時候，他也受任為一向是由儒者出任的管轄國子監之職。如此一來，他權勢之大，就變成朝中無人能匹敵了。

有一次，朝恩在國子監的講座上，大談「周易」之道，藉此對在坐的大臣、宰相毀謗了一番。

他說的話，大意是這樣的：

「鼎這個東西，由於有三支腳，才能立得穩。大臣輔佐君王也理當如是。如果任其中的一支腳折斷而傾斜，鼎中之物就溢出來，這麼一來，豈能完成鼎腳的責任？身為大臣，如果無法盡其大任，算什麼大臣？到頭來，國家、社會就斷送在他們手裏了。」

大臣們聞言，無不憤然變色。只有元載一個人，還是像往常那樣面有笑容。

眼尖的朝恩一看到元載的模樣，事後就告訴親信，說：

「在那種場合，生氣才是人之常情，該生氣的時候不生氣，反而泰然自若地面浮微笑，這就其心難測了。這個人值得警惕。」

果然，在代宗的時代，元載就跟皇帝合謀，把朝恩引誘出來，將他殺死。朝恩早就知道元載是個其心難測的人，這算是應驗了自己的話了。（這個故事在《新唐書》裏面。）

活著，總有你看不慣的事，也有看不慣你的人。

儒家講「揚人惡，即是惡」，對個人來說，說別人的過失，就是造口業，別人有過失是別人的事情，我們必須養成不說別人的過失的習慣。這樣，自然在生活中就會有好人緣，可以少災禍，多福報。

要多在別人的位置上看自己生命，是一種回聲。能善待別人，才是善待自己。

《龍樹・大智度論》說：「善軟直心者，易得度。」

俗話說：「瞳孔必須經常澄清，如果混濁就沒有希望。」一個人是否純真，只要看他的眼睛就知道。

別去試探人心，它會讓你失望。

【正能量感悟】

人的內心比險峻的高山和深邃的江河還危險，比天還難以捉摸。

43. 償　還

——史懷哲非洲行醫動機

史懷哲（一八七五～一九六五年）博士有「世紀偉人」之稱。

他是德國哲學家、醫師及音樂理論家，曾經在非洲從事醫療工作，榮獲一九六三年諾貝爾和平獎。他深愛人類的心，以及徹底無私的奉獻行為，無不令人衷心感動。

這個故事發生在史懷哲博士年少的時候。

有一天，他跟一個朋友做角力比賽，幾次相撲之後，他把那個朋友摔倒在地而獲勝。

他那個被摔倒的朋友，拍拍沾了泥土的肩膀，悔恨不已地說：

「我要是像你那樣能夠天天吃肉，可就絕對不輸給你了，真是的。」

這句話，重重地擊中了史懷哲的心坎。的確，他那位朋友的家，窮困不堪，一天三餐，吃的都是一小片麵包和找不出肉片的湯，難得有一頓飯是吃得飽飽的。

跟他一比，我是何等幸運。我每天可以吃肉，三餐要什麼有什麼，每餐都吃得很飽。

史懷哲想：「那些肉啦，其他菜餚啦，是不是靠我的能力得來？不，絕不。那些東西，全是父母供給的，而我跟他角力之所以能夠獲勝，也是肉類賜給我的力量所致，絕不是憑自己的能力得來的。」

史懷哲把那位朋友的話，一直深藏在心靈深處，未曾或忘。

我是什麼？迄今為止，一直認為是我自己的力量的那種東西，又是什麼？那不都是別人賜給我的嗎？我能夠天天上學，目前，又能過得溫飽，能夠衣食無憂，不都是別人賜給我的嗎？對施與的東西，當然要設法償還，而且必須償還得比自己所得的更多！

當史懷哲繼承了父母的財產，他連一個子兒的錢都不佔為己有。

「財產也是被施與的，既然如此，我必須把它償還給社會。把它用在人類身上，還給世人才是……。」

他的決心，堅定不移。在赤道之下，為非洲人治病的時候，他的心中，還經常憶起那位朋友的那句話。他把餘生奉獻給人類的行為，說來是由那位朋友的一句話，引發出來的。

《壇經》說：「善知識！心中眾生，所謂邪迷心、誑妄心、不善心、嫉妒心、惡毒心，如是等心，盡是眾生，各須自性自度，是名真度。」

在我們要求這個世界對自己公平的時候，也要秉承公正的心去辦事。不要責怪社會不公導致了某些人的邪惡心理，我們面對的都是一個世界。

【正能量感悟】

當一個人的心真能沉澱下來的時候，會覺得天空格外蔚藍，感悟出人世間的美與善。以一分平等的心，將愛遍及每個角落，就是大愛。

44.沈默的修練
——只有我沒說話

無住禪師（一二二六～一三一二年，日本鎌倉後期的臨濟宗禪僧）在他所著的《沙石集》裏面，提到下面這個故事。

山寺的和尚們打算舉行「不說話的修練」。參加的人只有四個人。四個人中的三個人都是這個寺廟中的大號人物，只有一個是道行最差的和尚。做「不說話的修練」，還是要點燈的，點燈的工作就由道行最差的那個和尚負責。

諸事準備妥善後，四位和尚就圍著那盞燈，盤腿打坐，進行無言的修練。

過了很久的時間，人人還都沈默不言——無言的修練，當然是嚴禁有人說話，這也不是什麼稀奇的事。

燈火的燈心，後來漸漸燃盡，快到燈油的地方了。那個負責燈火的和尚，見狀大為焦急。

就在那個時候，從谷底吹來一陣風，燈火因而搖了幾下，似乎要熄滅了。

那個和尚看在眼裏，實在忍不住了，不由得叫了一聲：

「糟了，火要熄了！」

原是聚精會神打坐的其他高僧，始終不說話，聽他這麼一喊，道行在他上面的那個和尚就斥責他說：

「你是怎麼了？做無言的修練，怎麼說話？」

第三個和尚不禁大怒，罵了他一聲：

「你不也說了話嗎？太不像話了！」

四個當中道行最高的和尚，還是保持沈默打坐的樣子，可是，隔不多久，他就擺出威嚴不可一世的模樣，掃視了大家，說了一聲：

「只有我沒說話！」

陸機《丞相箴》說：「矜己任智，是蔽是欺。」意指自作聰明而又剛愎自用，等於是蒙蔽和欺騙自己。

一般的人，知道一點知識，唯恐別人不能很快知道，這種急於要別人知道而出名，也的確太淺薄了。

【正能量感悟】

百戰百勝都不如一個忍字安全。人都應該保持自己的本來面目，人工的修飾，終不能持久。

45. 一封信

——請咬緊牙關奮鬥到底！

對前途感到茫茫的人，如果有人用善意的燈光照亮他，往往可以激發一個人，發憤努力，終於有所成功。

M少年邊踏著腳踏車邊想：

「唉，這種怪累人的工作，還是趁早不幹算了！」

腳踏車的後座位，牛奶瓶子不斷發出碰觸的聲音。

街上，還是一片昏黑。遠處，只見一兩家的燈火在亮著，使人在冬天的凌晨，愈增冷颼颼的感覺。

在鄉下，他有年老的父母，每個月盼著他寄回生活費呢。

「不幹送牛奶的工作，又能找到什麼我可以勝任的事？」

二月的天氣，冷氣徹骨，一陣強勁的北風，迎面刮來，M少年給刮得上身直晃。他下意識地握緊了把手。他的手指頭，早就失去一半感覺了。

「這，簡直跟集垃圾的工作沒什麼差別呀！」

他邊把空瓶子跟溫熱的牛奶瓶交換，邊自言自語地說著。

空瓶子裏面，常常裝了煙灰、點過的火柴棒，有時候，甚至還有濃痰。

好多這種令人懊惱的客戶中，只有一家，是經常把空瓶子洗得一乾二淨的。

M少年一直在想像著：

「那位N夫人，一定是個做事一絲不苟的人。」

今天，N夫人家的牛奶箱裏放的空瓶子，也一如往常，洗得乾乾淨淨。

「咦？這是什麼？」

M少年發現空瓶子上放了一張白色信封。他直覺地感到那是給他的。他緊張地把它拆開來。

裏面放著一張信紙，上面寫著：

「昨天晚上，洗牛奶瓶的時候，雙手冷得都快麻了。今天早上，一定是冰冷的天氣。你的工作必然很辛苦（我可以想像出來），可是，我希望你咬緊牙關，奮鬥到底。請好好保重身體。」

雖然是短短兩三行字，但是，他卻一再地看了又看。他似乎下定了什麼決心，又跨上腳踏車。牛奶瓶又發出相碰的聲音。嚴冬二月，冷冽的空氣中，忽然響起了M少年吹口哨的聲音。

《八大人覺經》說：「心無厭足，惟得多求，增長罪惡，菩薩不爾，常念知足，安貧守道，惟慧是業。」

生活要自由自在，其實很簡單，那就是要知足常樂。知足常樂，就是自我認識之後，取得成就的一種滿足感，無論成就小或大，只要是自己真正想要的，就是自由自在的境界。

【正能量感悟】

勇於承擔與挑戰，是一幅動人的畫面。放下抱怨，可以免去多少錯誤和遺憾。心地光明，才能照亮未來的路。

46. 只知其一，不知其二

——真正的賢相

有一天，子貢問孔子說：

「人臣之中，怎樣的人才算賢者？」

孔子答說：

「齊國的鮑叔，鄭國的子皮，堪稱賢者。」

子貢聽後大吃一驚，又問說：

「依照老師的說法，齊國的管仲，鄭國的子產，這兩位都不算賢者了？」

孔子答說：

「你呀，就是只知其一不知其二。你認為，真正的賢者是把賢人推薦給君王的人，還是盡力輔佐君王的人呢？」

「當然是推薦給君王的人了。」

「這就對了。我聽說過鮑叔推薦了管仲，子皮推薦了子產，可沒聽說過管仲和子產向君王推薦了什麼賢人。」（這是《說苑》裡面記載的話。）

管仲和鮑叔交情之好，可由「管鮑之交」那句成語而得知。

鮑叔為了齊國的富強，把管仲推薦給齊桓公，自己自願屈就在管仲之下。這是一般人絕對做不到的事。齊桓公由於獲得管仲的輔佐，後來才使齊國日漸富強，變成春秋五霸之一。

子產之所以能當宰相，也是靠子皮的推薦。鄭簡公聽從子皮的話，起用了子產。

子產是個絕頂聰明的人，當時的鄭國，夾在大國之間，國勢也衰弱，子產卻有辦法使鄭國在複雜多變的國際形勢下，不受侵略。

孔子很尊崇子產，交情之好，有如兄弟，孔子甚至視他如哥哥。

漢高祖（劉邦）平定天下後，在宮中宴請群臣。

那時候，他問說：

「我得到天下，項羽卻失去天下，你們可知道原因何在？」

高起和王陵的回答是這樣的：

「陛下對攻陷城池，佔領土地的人，都把那些城池、那些土地，封給有功的人，使天下同享其利。項羽卻相反，他嫉妒賢能，厭惡有功的人，憎恨智者。戰而大勝，也不封祿、封地。

陛下的得天下，項羽的失天下，原因就在這裡。」

高祖聽後，哈哈大笑，說：

「你們呀，真是只知其一，不知其二。

帷幄運籌，決勝千里之外，這種本領，我實在不如張良。

鎮國撫民，在軍事補給上萬全無失，這種本領，我實在不如蕭何。

率領百萬大軍，百戰百勝，這種本領，我實在不如韓信。

張良、蕭何、韓信這三個人，可說是天下難得人傑，但是，我卻可以把三個人傑，如手使臂，運用自如，讓他們各自發揮了才華——這就是我能夠得天下的原因。反看項羽，連一個賢臣——范增都無法運用得好，這就是他失去天下的理由。」

高祖的確有觀人之明，在用人的能力方面，容人的寬仁方面，表現了大度。但是，一旦得到了天下，他就把那些人傑，藉口一一鏟除。智將如韓信，也無倖免。高祖之所以如此，目的是在使漢室安泰永續。

韓信他們只知高祖有功則賞的一面（只知其一），卻不知天下大定之後，就被鏟除的道理（不知其二）。

《壇經》說：「自性若邪，起十八邪；自性若正，走十八正。若惡用即眾生用，善用即佛用。用由何等，由自性有。」

尼采說過：「再偉大的人物，心底也會有些陰暗的角落；再十惡不赦的壞人，心底也會閃過一絲善的念頭。」

區別一個人高尚或低劣，只要在關鍵時刻，他心中的善與惡那個佔了上風，即可分曉。

【正能量感悟】
把誠實信用當做根本的人，稱為君子；
把奸詐虛偽當做根本的人，稱為小人。

47. 總統夫人的決心
——我們不能扼殺他的一生

「我如果沒有太太的幫助，絕不能這樣常保健康，我很感謝她。」

這是美國前羅斯福總統有感而發的一句話。他在三十九歲的時候，患了小兒麻痺症。邀天之幸，他不至於死，可是腰部以下，從此成為不能活動自如的人。

一天，羅斯福夫人和婆婆一起去找主治醫師——托列巴特博士。她們的目的是要決定羅斯福的將來？首先開口的是羅斯福的母親。

「我的兒子已經變成殘廢了，要他復歸政界，我看絕不可能，我打算讓他在田園過平靜的餘年。今天，是特地來跟您商量這件事的。」

醫師沒有回答老太太的話。他先徵求羅斯福夫人的意見。

羅斯福夫人以堅決的口氣說：

「我反對婆婆的看法。我覺得逼他離開工作，那才會使他的身心都變得殘廢。要是鼓勵他繼續留在政界，點燃他的意志，相信更能使他早日恢復健康。」

老太太連忙打了個岔，說：

「他是我的獨生子。俗語說，知子莫如母親，以他親生母親的立場，我敢說我很了解兒子最需要的是什麼。我認為……」

老太太說完後，羅斯福夫人又一個字一個字慢慢地，但充滿熱忱地說：

「大夫難道要強迫他下半輩子都要在輪椅上過日子？這個行為，等於扼殺了他的一生。

我堅信，工作可以使他克服身體上的障礙。當然，這種事情，先得尊重主治醫生的意見，可是我始終深信，大夫的判斷一定跟我完全一樣的。」

室內，充滿了一段很長的沈默。醫師隔了許久，緩緩開口說：

「我贊成羅斯福夫人的意見。可是這有一個先決條件，那就是夫人務必在旁不斷協助他，鼓勵他，唯有如此，他的工作才對健康的恢復有所幫助。」

後來，羅斯福在行動不便之中，又回到政界。

十一年後的一九三三年，他當選為美國第三十二任總統。

很多人常抱怨上天不公平，給自己的機會太少。這些人沒有意識到，是自己沒有看清楚才錯過了良機。

《華嚴經》說：「世間種種之法，皆如幻影，故不宜為其而心動。」自卑感都是源於自認身心有缺陷，或自覺經歷、財產、家境等不如人而產生的。做人應該有信心，自信是達到人生頂峰的動力。打垮自己的往往是自己，不要把一次失敗看成是人生的終點。

王有光《吳下諺聯》說：「人不可以自棄，荒田尚有一熟稻也。」即人生一世要奮發圖強，不能自暴自棄，瘦田裡還有一次豐收之意。

【正能量感悟】

信己無私，信人有愛。逆境是成長必經的過程，能勇於接受逆境的人，生命就會日漸茁壯，綻放光芒。

48. 一滴水

——曹源一滴七十餘年

日本明治初期，京都曹源寺有一位高僧叫做儀山。儀山和尚收了一個徒弟叫做「滴水」，這一位滴水在儀山和尚薰陶之下，後來也成為日本有名的高僧。

有一天，儀山和尚要洗澡。

這時候，他發現浴池裏面的水，燒得太燙，無法進去，他就喚來一個還在修行中的年輕小和尚：

「太燙了，提一些冷水來沖一下。」

年輕和尚提了附近的水桶，想去提水，發現桶底留了一點水。

他把桶底的水倒掉後，想去提滿新的水。

「你幹什麼！」

儀山和尚罵了一聲。

那個年輕和尚，不曉得儀山和尚在罵什麼，楞在那裏不知如何是好。

當他打算走開，儀山和尚又大喝一聲：

「你把水倒到哪裏了？」

年輕和尚答說：

「我把它倒在院子了。」

「笨豬！一滴水也珍貴無比呀，豈可浪費？你為什麼不把它澆在樹根？」

年輕和尚一連挨了兩次罵，只有垂頭承受的份，不過，他在心裏有了悟道的欣喜——他發現「一滴水也有它的珍貴意義」這個真理。後來，他就為自己起了個名字，叫做——滴水。

這件事，終生支配了年輕和尚的心靈。由於他懂得從師父的斥罵中發現真理，所以，在佛教世界成為跟儀山大師齊名的高僧，在很多信徒的心中，留下了眾多痕跡。

晚年，他寫了這樣一首詩：

曹源一滴七十餘年

受用無盡蓋地蓋天

得到一句很恰當中肯的話，比得到一支一萬人軍隊更有用，多方觀察，廣為傾聽，廣開言路，不恥下問，良心如果光明正大，在眾人之中是佼佼者。

《壇經》說：「學道常於自性觀，即與諸佛同一類。吾祖唯傳此頓法，普願見性同一體；若欲當來覓法身，離諸法相心中洗。」

任何人都會犯錯，即使是聖賢也不可能避免。做任何事情，都講究一個心安理得，只有做到了心安，才能免去懺悔的煩惱。在工作、生活中，需要時常反省自己的行為，才能實現人格的完善。

【正能量感悟】

一理通，萬里徹。多一分歷練，就多增長一分智慧。改變思維模式，夢想定然成真。

49. 德行要緊

——捨棄福祿壽的聖帝

有聖王之稱的堯，有一次，巡視一個叫做「華」的地方。

當地的一位老官吏向堯帝祝賀說：

「您，不愧為大聖人，但願您財富滿庫，多子多孫，長壽萬萬年。」

堯帝卻說：

「抱歉，我不能夠接受你的祝賀。」

老官吏問說：

「希望長壽、財多、兒子多，這是人情之常，您何以不巴望這些事？」

堯帝答說：

「唉呀，你有所不知。想想看，男孩一多，就勢必為他們亂操心；財富一多，勢必為它們的用途，大費腦筋；活得太久，勢必遇到種種恥辱、辛勞。如此一來，豈不礙到我修練德行了。」

《法句經》說：「一切斷欲，截意根源，晝夜守一，必入定意。」人們斷去一切慾念，截斷產生意識的根源，時刻守持專一，一定能進入意志安定的境界。心神清淨之後，所有慾念就像沙石一樣沉澱下來。

【正能量感悟】

人生本不苦，苦的是慾望過多。其實，有些東西我們可以不爭，給生活一份自然，讓心返璞歸真。能設身處地為別人著想，就是一個善解人意的人。

50. 樂觀破逆境

——老爺的口頭禪

很多人喜歡發牢騷，把一切罪過都推給別人，說是由於別人惹了事，才禍及自己。

其實，牢騷是最無濟於事的行為。喜歡發牢騷的人，不但是個小號人物，也由於他們的嘮叨不休，使周圍的人也受其影響，變得憂悶異常，說來實在最毫無意義。

喜歡發牢騷的人，應該看看下面這則故事。

曾先生是自行車工廠的老闆。

一天，他臉色蒼白地跑來找一個朋友，劈口就說：

「糟了，這次我是非關門大吉不可了。」

他的朋友——洪先生，問他什麼事使他那麼緊張？

曾先生回答說：

「有個廠商拜託我借給他一張面額二百萬元的支票。那傢伙，我的董事告訴我，對方昨天來道歉說，無法在期限內把二百萬元放進銀行，請我們幫他渡過這個難關。」

那張支票的兌現日期是後天。

曾先生自己的工廠也要在三天後，必須兌現面額二百五十萬元的支票，這下子可真叫他應付無策了。

曾先生是商場新手，所以，對支票的利害關係所知不深，廠商一再拜託，就經不起對方的纏他不休，開出支票借給他周轉。

如此一來，他是給困住了。他痛罵了對方一頓，對方一點也不回話，只知一再鞠躬致歉，使他吵不起這個架來。束手無策之下，只得請洪先生替他想個脫危之計。

洪先生知道了他的處境之後，說：

「你聽過『太好老爺』的故事沒有？」

曾先生不知洪先生在講什麼，回說不知道。

洪先生就告訴了他下面的故事：

某個村落，有個老爺，一年到頭的口頭禪是「太好了，太好了。」

如果一連下幾天大雨，村民都為久雨不晴而大發牢騷時，他也說：

「太好了，這些雨若是在一天之內全部下來，豈不氾濫成災，把村落沖走了？神明特地把雨量分成幾天下來，這不是值得慶幸嗎？」

有一次，「太好老爺」的老太太患了重病。村民認為，這次他總不會再說：「太好了」吧？於是附近的幾個人就特地去探看老太太的病。

哪知一進門，老爺還是連說：「太好了，太好了。」

村民不禁大為光火，問說：

「老爺，你這未免過分了吧？老太太患了重病，您還口口聲聲太好了，到底是存的什麼心呀？」

老爺說：

「唉呀，你們有所不知。我活了這麼一大把年紀，始終是老婆在照顧我，這次她患了病，使我有機會好好照顧她，報恩於萬一。這種事不太好，那麼，請問怎樣的事才可以稱為太好呢？」

洪先生說完後提醒曾先生：

「這個故事，也許是古人杜撰的，但你不覺得活在世上，能把壞事從另一個角度看成好事，不是很有啟示意義嗎？

只要抱著積極、樂觀的態度，面對一切危難，都可以化險為夷的。要是只知發牢騷，也無濟於事呀，不，只知發牢騷，不但於事無補，還會使事情陷入更大的困境。要知道，只會發牢騷而不知積極去解開困境的人，怎能成為大器呢。」

曾先生聽後頗有感觸，於是，連忙跑回工廠，把員工全都召來，告訴他們工廠面臨的困境，也把洪先生說的故事，說了出來。

大家聽了老闆的話後，經過一番商討，決定分批出去催收各顧客所欠的帳款。應收款如果全部收回，這個難關就可以渡過，只因顧及對方也各有困難，原是不動這個腦筋的，可是開會的結果，大家一致認為只有走這一條路。

員工抱著背水一戰的心情分批出去收款。一連兩天，他們不分晝夜地奔波收款。

由於每個人都充滿了鬥志，態度也極為積極，被催收的對方也有所感而充分合作，應收款的金額，居然收到將近五百萬元，使曾先生的工廠渡過了這次危機。

釋證嚴上人說：「一方有難，十方來助，就是互愛。」

發生了好事就手舞足蹈，樂歪了嘴，面對壞的事就垂頭喪氣，只知大發牢騷，這不是勇者的行為。

【正能量感悟】

逆境順境看襟度，世間沒有不能解決的事，只要有心，再大的難關也能迎刃而解。

51.農忙期

——一天不工作就一百天吃不到東西

戰國時代的趙肅侯，有一次，遊幸犬陵（今山西省文水縣）。一天，他打算從犬陵西北方的鹿門（要塞），騎馬到附近的領地遊歷。當時的宰相大戊午，抓住肅侯的馬轡，諫說：

「現在，正是農忙期，俗語說，一天不工作，就有一百天吃不到東西。在老百姓忙於農事的時候出巡，他們為了迎接您，不得不休耕，這麼一來，不但對國家造成莫大的損失，同時，也使農民的收穫大受影響。這是很要緊的時期，遊歷的事，還是打消了吧。」

肅侯覺得有理，聽從了宰相的意見，停止遊歷。

《長阿念經》說：「修習慈心，遍滿一方，餘方亦爾，周遍廣普，無二無量。」修習慈悲之心，遍佈到每個地方。

世界不是憑個人之力所能改變的，但改變世界卻需要從個人做起。以慈悲為懷的人，從不考慮自己的利益得失，總會得到眾人的認可和愛戴。

【正能量感悟】

將心比心，才能以心換心，讓自己有一個好的心態，做人拿得起，做事放得下，把握好當下，才能把握今後的人生。

52. 口是心非

——嚇昏的老太婆

在某個深山裏，住著一位很有錢的老太婆。

這位老太婆，到附近的寺廟燒香膜拜時，總是說：「神佛在上，我已經活得夠老了，隨時準備死去，請神佛帶我上天堂。南無阿彌陀佛，南無阿彌陀佛……。」

這個寺廟住著一位愛開玩笑的和尚。

頭。

一天，那位老太婆又到寺廟來拜佛。愛開玩笑的和尚，就偷偷地藏在佛像後

當老太婆又像往常一樣，口中唸唸有詞：

「神佛在上，我已經活得夠老了，隨時準備死去，請神佛……」

話未唸完，佛像就發出了聲音：

「妳既然那麼喜歡死，今天晚上就讓妳如願吧。」

不聽還好，一聽這個話，老太婆就「唉喲」地驚叫一聲，昏了過去。

《金剛經》說：「過去心、現在心、未來心，三心不可得。」

口不能隨便說話，身不能隨便行事。自己說的話，必須考慮自己能夠做到，然後才說；嘴上說的，不超過自己所能做到的。

生死是大事，能真正知道了生死，才算是一個覺悟的人。

《大寶積經富樓那會》說：「生死不斷絕，貪欲嗜味故，養怨入丘冢，虛受諸辛苦。」

人生最不幸處，是偶一失言，而禍不及；偶一失謀，而事倖成；偶一恣行，

而獲小利。

言行不一致的人，往往是口是心非的人。一個人真心，或是假意，不在嘴上，而在心上。

【正能量感悟】

先仔細思考之後才說話，要使說話像聽話一樣有所選擇。

53. 紙屑滿地飛

——一對外國夫妻的感人行為

秋風送爽的一個早晨。黃先生和他的女兒，正走在大街上。

黃先生的兒子已經長大成人，可以負責一切店務了，所以，他再也不必掛慮生意的事。在女兒的勸說下，他開始學畫，藉此自娛餘年。

今天，他就是跟女兒要去鬧街的某個畫廊，參觀某藝術家的畫展。

快到畫廊的某個街角的時候，他看到放在大路邊的垃圾桶，可能是給什麼人踢翻了，裏面的紙屑，散亂一地，一陣風又把那些紙屑，吹得到處飛揚。

黃先生看到這個情況，不禁皺了皺眉頭。他是個潔癖的人，最討厭看到髒亂，所以，正想加快步伐，走過那裏。就在這時候，迎面走來一對外國夫婦。

他們穿著入時，風采非凡，一眼就可以看出是相當有地位的人。他們原是手挽著手走路，一見垃圾桶周圍紙屑到處飛揚，毫不猶豫地走了過去，彎腰曲身，忙著撿起那些紙屑來。

黃先生眼看他們這種行為，不禁大為感動，站在那裏一會，然後，回頭看女兒。

女兒當時也佇立不動，凝視著那一對外國夫婦撿紙屑的行為。

她跟父親的視線在空中碰了一個正著，之後，她就微微一笑，立刻轉身跑過去，跟那一對外國夫婦一起撿起紙屑來。黃先生受到這個啟示，也彎起腰來，撿吹到他腳邊的紙屑。

一直對這件事漠不關心的路人，看到他們四個人的行為，開始有人走過來，參加撿起紙屑的行動。人越來越多，不一會，連吹到相當遠的紙屑，都在一大群路人的協助下，撿個一乾二淨。

那一對外國夫婦，這才笑吟吟地走向黃先生父女身邊，操著不怎麼熟練的當地話，說了一聲：

「謝謝您們！」

那一對夫婦向黃先生行個禮，對四周的人也投以親切的微笑，之後，又手挽著手，悄悄地走遠了。黃先生站在那裏，自言自語地說：

「該道謝的是我們啊！」

女兒也附和著說：

「是啊，是我們該向他們道謝呢。」

《法句經》說：「諸惡莫作，眾善奉行。」就是要我們一切壞事都不應該做，一切好事都應該認真做。

我們要從日常生活中的點滴做起，越是平凡細小的事，越是容易被人忽視。世界是一個真善美的結合體，怎麼看，全在於自己。

羅曼羅蘭說：「想使人家快樂，你自己先得快樂。要散佈陽光到別人心裡，先得使自己心裡有陽光。」

不錯，做好事就自然會快樂，只要你快樂，你一定是好人。

【正能量感悟】

不以善小而不為，不以惡小而為之。

知道感恩回愛，才會開心自在。

54. 奇妙的代理人

——蒙娜麗莎放屁了！

某大企業舉行幹部研習會。這個研習會的參加人員還包括了宿舍的室長，所以，會員多達一百多人。其中有許多適婚期的女性在內。

實習課程完畢之後，進入課堂的講學。

當講師來到講台上，輪值的人喊了一聲：

「起立！」

會場頓時充滿了緊張的氣氛。

「敬禮！」

「坐下！」

當會員們坐下去的同時，忽然迸出一個響亮無比的「怪聲」。顯然是有人放屁了。這一聲，有如晴天霹靂，大夥不約而同地把視線投向發出聲音的方向。

原來，聲響的來源，發自有「蒙娜麗莎」之稱的王小姐。她是全公司最漂亮的股長，嫻雅、文靜，不少男同事都對她懷有愛意。

由於聲音太響亮，大夥就哄堂大笑，可是，哄堂大笑之後，她本人也好，其他的人也好，都由於事出突然，心裏都覺得怪尷尬的。

說得嚴重一點，也許，由於這次意外事件，「蒙娜麗莎」給人的印象，怕要大打折扣了。

事實上，那是王小姐的褲子繃得太緊而發生的「裂帛之聲」，大家誤以為是她放了屁。

就在尷尬的氣氛還籠罩在整個會場的時候，坐在王小姐鄰近的一位男同事，倏然起立。

他向大家恭恭敬敬地行了個禮，說了一聲：

「失禮之處，務請原諒，我這幾天的胃腸有點消化不良，真抱歉。」

原是尷尬已極的氣氛，由於他的挺身「認錯」，會場頓時變得充滿了愉快的氣氛。

這位男同事體諒別人的作為，給在場的人帶來久久不散的「餘韻」。「放屁的代理人」——這個奇妙而甚富啟示意味的事件，一直留在當天參加研習會的人的記憶中。

《壇經》說：「善知識，念念無間是功，心行平直是德；自修性是功，自修身是德。」

修功德不是聖人的義務，也不是聖人專有的權利。幫助別人雖然自己得不到利益，但會讓自己的心得到安慰。這些心靈的慰藉，遠比物質上的利益珍貴得多。

喜歡高談闊論的人，就會經常說些不該說的話。德行好的人，不會去傳播那些流言蜚語。

請你用慈悲心和溫和的態度，凡是能站在別人的角度為他人著想，對人恭敬，就是在莊嚴自己。

【正能量感悟】

不要因為善小就不去做，一點點好事，都能給人方便。當說則說，不當說則止，取捨要有分寸。不要輕視自己的一分力量。

55.郵差的自傲

——二十五年全勤的原動力

一九六三年，日本天皇招待全國有名之士，參加皇宮內舉行的園遊會。在各界名士之中，夾了一個郵差——清水龜之助。清水當年五十五歲。他在三十一歲的時候，進入郵局服務。這之前，他是個橡膠工廠的工人。他並不是抱著什麼大志進入郵局，而是做工人跟他的個性不合，為了轉職才成為郵差而已。當了郵差後，他只知默默地盡本份，忙於送信。由於郵差這種工作，單調乏味，幹了一年，他就又想換個工作了。

正當他的情緒鬧不穩，想著：

「今天，該下個決心了，這樣做下去，前途還有什麼指望？」

那天，他送完了信，不經意地往信袋一望，發現還有一封信留在袋底。那是地址的筆跡已經模糊不清的薄薄的一封信。

清水毅然告訴自己：

「好吧，把這一封信送完後，我就提出辭呈。」

他開始尋找收信人的地方。他負責的送信地區是東京「文京區」，而這封信由於地址不太清楚，找了數小時，還是不得要領。他不厭其煩地穿過大街小巷，也問了很多人，終於在日已西沉，夜幕將臨的時候，才找到了收信人的地方。

他如釋重負，吁了一口氣，開了玄關的門。當他喊了一聲：

「請來收信吧！」

話猶未完，就奔出來一個青年。那個青年一見清水就一疊聲地說：

「郵差先生，辛苦你了！」

青年拆開信，瞥了一眼就喊說：

「我及格了！」

瞧他喜逐顏開，聲音宏亮，接著家人轟然起了歡笑聲，那副生動的景象，使清水第一次感到幹郵差實在意義非凡。一年之久，從來沒人向他這個郵差道過謝，所以，他那天的感動，特別深刻。他想：

「我絕不停止郵差這個工作，因為即使是一張明信片，說不定可以給收信人帶來天大的喜訊或幸福。這個工作，太有意義了！」

清水對過去的辛勞，再不以為苦了。他首次對自己的工作起了自傲，也確認了這個工作的意義。

從那個時候開始，二十五年如一日，風雨無阻地送信，創下了二十五年全勤的全國紀錄。他滿足於一個郵差的工作，傾力以赴，忘了其他。

這個大都市裏的一則小故事，令人對工作的可貴和自豪，沈思再三。

《大智禪師・偈頌》說：「翻身要到劫堂前，步步須行鳥道玄。」

人應該要反省自己「到底為何而活」？或「自己本來的真面目是什麼」？如果把自己關在小小象牙塔裡，當然體會不到自己範疇以外可能得到的樂趣，也絕對得不到真正的幸福。

【正能量感悟】

如果你的要求太高，你的慾望太多，這個世界就會把你隔離開。在痛苦的時候，要學會自我安慰，自我發憤，不要讓悲傷摧垮了身心。

56. 愛哭婆

——天晴也哭，下雨也哭

某個寺廟門前，住著一位老太婆，人人稱她為「愛哭婆」。因為天下雨了她就哭，天晴了她也哭，簡直是天天哭得叫人莫名其妙。

寺廟的住持看不過，問她：

「老太太，您為什麼天天哭？這，總有理由的吧！請您說來聽聽。」

老太太答說：

「我有兩個兒子，哥哥是在賣鞋子，弟弟是在賣雨傘。如果下了雨，我就擔心那個哥哥鞋子的生意會很差，覺得太可憐。如果天氣放晴，我就擔心那個弟弟，賣不出雨傘，也覺得可憐，所以，不想還好，一想就要哭啊！」

住持弄清楚了原因就告訴她：

「這，不對吧？老太太。下雨天，弟弟的雨傘生意就大好，天晴了，哥哥的鞋子生意就大好。您要想成這樣，不就天天可以笑著過日子了？」

愛哭婆聽主持一說，覺得很有道理，從此以後就天天有說有笑，變成「愛笑婆」了。

淨心長老法語：「人生不滿百，常懷千年憂，分文必計較，不覺已白頭。」

對某一件事的看法，只要往好的方面去想，你就日日如春，要是只往壞的方面去想，你就日日如冬，得不到任何快樂和溫暖的。

世上像「愛哭婆」那樣，事事往壞的方面想的人，真是太多太多了，您是屬於哪種人，不妨反省一下。

【正能量感悟】

不計較常開心，不煩惱常放心。真正的智慧，是能看透一切，能突破一切。

57. 生而平等

——為女乞丐抓頭蝨的母親

距今約一百五十年以前，日本還是個封建時代的國家，武士和平民，階級分明，也就是說，武士高高在上，一般平民見了武士就得必恭必敬。

在「豐前中津」的街上，有一個年紀約十來歲的女乞丐，正在到處徘徊、求乞。她的衣服，補丁處處，已經破得衣不蔽體，而且久不洗澡，渾身發出惡臭，跟她擦身的人，無不掩鼻而過。女乞丐叫做千惠，她的頭髮，又散亂又乾巴巴地，頭上還有很多頭蝨在那裏蠕動。

看到千惠的人，瞧她髒得太不像話，無不歪著頭不理她。任她千乞百求，也沒人睬她。

千惠來到一戶武士的家門口。從屋子裏走出來一個穿著簡樸，但是人品高雅的婦人。她看到千惠那副可憐兮兮的模樣，親切地說了一聲：

「快進來，走到院子那裏等我。」

那位婦人，讓千惠坐在草地上，自己呢，也坐在她身邊，開始為她抓頭上蠕動不已的頭蝨。

婦人還叫來自己的兒子，命令他把抓出來的頭蝨，用石頭一一敲死。費了好久的時間，婦人才把千惠的頭蝨抓完。事後，她就對千惠說：

「妳很乖，讓我抓完了頭蝨，所以，我要請妳吃一頓飯。別客氣，儘管吃呀！」

到處受排斥的女乞丐千惠，從來沒碰過這樣的遭遇，喜得什麼似地。也許是這個關係，千惠每隔數天就來這個武士的家。

那位婦人，每次都不厭其煩地讓千惠坐在草地上，自己忙著替她抓頭蝨，叫兒子在身邊，用石頭敲死頭蝨。

那個少年，每次都很順從地做那種工作，默默執行，一無怨言。

當時的日本，封建思想極其濃厚，一般人都認為武士偉大無比，老百姓或商人是最下賤的。說到乞丐，那就更不當人看待了。那位婦女在那種時代，就抱著「人人平等」的觀念，以溫暖的心對待女乞丐千惠。

這位婦人叫做「福澤於順」，她是中津藩武士「福澤百助」的妻子。她的丈夫早逝，在貧困中不畏挫折，把五個兒子養育成人。而用石頭敲死頭蝨的那個少年，就是日後成為民間思想啟蒙家的偉人——福澤諭吉（一八三五～一九〇一年，**明治時代教育家，思想啟蒙家，對日本的教育大有貢獻。**）

「上天不在人之上造人，不在人之下造人，所有的人，生而平等，無尊卑之分。」

這是福澤諭吉留下的名言。他能夠成為日本家喻戶曉的偉人，就是在幼小的時候，受到她母親這種「待人要平等」的薰陶使然。

《佛說孛經抄》說：「修諸德本，慮而後行，唯濟人命，終身安樂。」

真正的善良，是在日常生活中行善，時刻保持一顆善良的心。善不在大小，有心則行。

【正能量感悟】

善良的人不會因為善事小而不去做，也不會擇人而行善事。隨時隨地行善，自己也會在無形中得到善果。

58. 別有洞天

——任何工作都能找出意義

在總公司幹營業課長的朱紀，突然接到人事命令，要他到某分公司當資材課長。

最近，他跟經理為了某件公事，爭論得口沫橫飛，可能是經理看不慣他這種頂撞上司的行為，一氣之下才把他調走的。

資材課在那家公司來說，地位遠不如營業課，如此一調，等於是貶職，前途必然大受影響。

以前，朱紀是天天往外跑，從事銷售工作，很合乎他的個性，如今，要他整天坐在辦公室，跟那些資材報表為伍，實在叫他受不了。更糟的是，他的部屬全是些不成材的貨色。

有的是整天愁眉苦臉，有的是狡猾成性，有的是快退休只把工作當做一種過渡時期的玩意……，反正，沒有一個是能撐大局的材料。

營業成績不佳，就給指責資材供應不順；營業成績大好，就沒人理睬資材課——這個吃力不討好的職務，著實叫人怏怏不樂。可是，朱紀畢竟不是等閒之輩。

他想通了一件事：

「我之所以悶悶不樂，是自以為我很了不起。這不是一種錯覺嗎？」

幹營業課長的時候，聲望不差，業績也佳，當時，他對自己可是信心十足。為什麼當了資材課長，情況就大變？幹營業課長的我，以及幹資材課長的我，同樣是我這個人呀？

至此，他才悟及：在營業課之所以大受矚目，成績亦佳，完全是營業課長的頭銜所致。

也虧他如此反省。當一個人有所悟道，所有的不滿就雲散霧消了。

他決心把全副精神投入新的工作。當他這麼做之後，才發覺資材課的工作，也蠻有興趣的。它是屬於「無名英雄」之類的單位，但是，對整個公司來說，卻佔了很重要的份量，只是大家把它忽略而已。

想想，任何部門都得靠資材才能活動，才能工作，才能造出產品，才能替公司賣到錢。誇張地說，如果資材課停止工作，整個公司不癱瘓了才怪。朱紀從這裏找出了工作的意義。

看似垃圾的東西，只要好好收集，將它好好分類，都可以變成重要的資料、材料，發生莫大的「戰力」，這簡直是「集沙金，製造成金塊」的工作啊！

營業課是把成形的有價值商品，變賣成錢，從中替公司掙來利潤。但是，資材課是把乍看是無價值的東西，化為有價值的東西。相比之下，資材課的工作就比營業課有意義得多了——朱紀就從這個角度發掘到了職責上的意義。

他一改過去消極的作風，變得充滿鬥志，他的工作態度，日漸影響到部屬，使他們也變得勃勃有生機了。資材的利用、活用度，愈來愈高，公司對資材課的關心也與日俱增。

朱紀終於獲得兩次的特別獎金。這是資材課有史以來沒有過的事。

不久，他收到一張人事命令：「調回總社，升為營業部經理。」

改掉錯誤的人，就像久雨初晴一樣，不僅自己覺得清爽適意，就是別人見了，也會特別欣喜。

《法句經》說：「自己才是自己所依據的，除了自己，沒有人可以依據。自己修得的力量是最強大的。我們容易失去自己，所以要把這句話銘記在心，成為負責任，有果斷力的人。」

【正能量感悟】

人可貴之處，不是從來不犯錯誤，可貴的是能夠改正錯誤。對人，要珍惜共事的因緣。

59. 慈愛為懷

——斐斯塔洛齊的口袋

在某個貧民街角的廣場上，數個小孩赤著腳，在那裏奔跑嬉戲著。一位老人，以慈祥的眼光望著這個景狀。他的服裝很整齊，但是，質料並不佳。他好像在尋找什麼，偶而彎著腰撿起來，放到他的口袋裏。口袋裏已經給那些東西裝得鼓鼓的。一位警官一直在注意他的動靜。

警官似乎感到疑問，朝著老人走了過來。他以生硬的口氣問老人說：

「老先生，您剛才撿了什麼？」

老人一臉微笑，答說：

「沒什麼，是一些不值得您看的東西。」

警官看他好似有所隱瞞，口氣就變得更嚴厲了：

「請讓我看看吧！」

老人無可奈何地又笑著說：

「真的是不值得一看的東西，警察先生。」

他打開了口袋讓警官看了一下。原來，口袋中裝滿了大大小小的玻璃碎片。

警官始料所不及地問說：

「老先生您撿它做什麼用途呢？」

老人說：

「瞧那些小孩子，不是都赤著腳嗎？萬一踏到玻璃碎片，豈不是會受傷？」

警官對他慈祥之心，肅然起敬，向他道歉後才離開。

這位老人就是有「教育之父」之稱的裴斯塔洛齊（一七四六～一八二七，瑞士教育家，一七七四年創貧民學校，代表作為《隱者的夕暮（Aben-dstunde eines Einsiedles）》、《凱特魯特如何教他的孩子（Wie Gertrud ihre Kinder lehrt）》等。）

這是他到德國來比錫市的時候發生的一則小故事。

在《觀無量壽經》裡有「佛心即大慈悲」一節，指出佛心就如母親之照顧幼子般對一切人表示憐憫之心。

缺乏這種度量，便不可能對他人的苦懷抱同理心，當然，更遑論去真正同情、幫助別人了。

【正能量感悟】

外表的美醜不重要，重要的是內心善良。有一種真愛，靜靜的，但魂牽夢繫。真正用心付出的人，永遠活在人們的心中。

60.創意何來？

——天啟不能憑空而現

「白天當沙發，晚上當臥床。」

這是日本「法國床」公司當年打出的宣傳標語。這家公司以瀟灑動人的公司名稱、商品名稱，加上堅強無比的機動式銷售網，在日本工商界猛然崛起，稱雄一方。

社長I氏如是說：

「我最討厭跟著人家的屁股跑，只喜歡新鮮的產品，新鮮的構想。」

他的經營方針是：

經常以新機器新設備，開發富於獨創性，富於感性的商品，領先市場。

I氏生於佐賀縣小村落。還在日本大學經濟系求學時，應徵入伍，給派到鹿兒島南端，天天挖著防空壕。就在這時候，日本戰敗投降。

他在鄉里過了兩年的農夫生活。血氣方剛的他，覺得如此下去，前途一片昏黑，於是，在一九四八年歲尾，隻身到了東京。

起初，他在以聯合國軍隊為販賣對象的傢俱公司，當推銷員。

傢俱銷路之好，令人笑歪了嘴，可是，他志不在此，經常想著「開發富於獨創性的產品」。所以，一年不到就辭職了，創設雙葉製作所。

這家公司的規模，小到不能再小，卻是獨資經營，專門承攬機車鞍座和汽車座席之類的製造。交易對象以日產、本田技研為主。

論業績，可真不錯，可是幹這種轉包式的工作，發展上總有個限度，就算實施機械化、合理化的經營，由於同行間的競爭極其激烈，要是有人降價搶生意，難望厚利可圖。

想開發新產品嘛，老實說，新產品這玩意，可不是說有就有，那可是說來容易，做來不易的事呢。他把思考力集中在想出「普及最慢，但具有將來性的商品」上。

絞盡腦汁的結果，他終於想出製造跟車座、鞍座一樣，必須使用彈簧的「臥床」。

一種白天可做沙發，晚上一變而為臥床的組合式臥床，就此誕生。

這是適合日本式住宅，樣式嶄新的臥床。商品採用向員工徵來的「法國床」這個名稱。

I氏下定決心要使「一億日本人都使用這種床」。他鬥志高昂，誓言達到這個驚人的目標。哪知，新產品問世後，銷路不佳。他並不氣餒，徹底追究銷路不佳的原因，終於發現新產品只重視機能，太偏向實用性，引不起消費者的興趣。找到銷路不佳的原因，事情就好辦了。

他下令增加床的厚度，還採用了豪華誘人的設計樣式，造出高雅的氣氛。經一番改良之後，「法國床」的銷路就直線上升。其市場佔有率高達百分之八十，成為這一行成長最快的一家公司。

I氏本是個農夫，卻搖身一變為傢俱推銷員，而後成為零件製造商，最後一躍成為彈簧床最大的廠商。短短數年，完成了四級跳的成長。

一個人，只要對自己高懸某種目標，懷著誓必達成的熱忱，全力以赴，這時候他的所見所聞，無不成為創意的泉源。創意這個東西，只要寢食皆忘，不斷絞盡腦汁去想，到頭來必定有成。I氏可說是最成功的例子。

※　※　※

美國有一位製造農業機器的廠商叫做西拉斯・馬克米克，他為了使公司的營業成績有突破性的成長，著手研究穀物收割機的發明。一年到頭他都在想這方面的創意。

一天，他到理髮店理髮。好久沒這麼輕鬆過了，他舒適地躺在理髮椅上，漫不經心地聽著推子理髮器響出來悅耳聲音。

就在這時候，一個創意突然閃現在腦裏：

「把推子理髮器的原理，運用到收割機上，這不就得了？我早該想到這個道理呀！」

他立刻把這個創意付諸實行，不久，製造出第一架收割機，將它企業化了。

※　※　※

最近，坊間出版了不少經營學的書，大倡創造性的思考力，說什麼創意必須具有天分（天才的素質），這真是大錯特錯。所謂的天才，絕大部份都是努力啟發自己的人。

美國開國時期的政治家漢米敦（Alexandex Hamilton 一七五七～一八〇四）如是說：

「很多人都說我是天才。據我所知，迄今為止，我遇到的所謂天才，全是面臨問題就徹底研究的人。不分晝夜，面臨的問題始終在眼前，我從所有的角度研討問題，於是，那個問題就如影隨形，不時跟著我，我也對它愈來愈熟悉，直至有一天，解決問題的方案就如天啟那樣，會閃現在腦裏……。」

這個道理，大可套用到經營者，管理者身上。

有一位名作家如是說：

「任何事都得動動腦筋，好好去思考。俗語說得好：『皺一皺眉，奇計立現』，這就是說，只要專心思考，突破困局的計策就會及時浮現。」

《古尊宿語錄》說：「磨磚既不成鏡，坐禪豈能成佛。」

做任何事情我們都不能南轅北轍、緣木求魚，必須尊重客觀規律。違反客觀規律，不僅不能有效解決問題，貽誤時機，還有可能會引發預外的危言。

【正能量感悟】

大凡各種事情之所以成功，主要在於嚴肅認真地對待它；而失敗的原因，則是由於漫不經心。勤能補拙，做事從一點一滴做起，就能有所成就。

61. 機智制人

——卓別林征服德國人的招數

卓別林旅行到柏林的時候，認識了女演員波拉・妮克麗，他們兩個人彼此一見鍾情，墜入了情網。由於她的出現，卓別林才得以進入柏林的上流社會，體驗了很多寶貴的經驗。

一天，卓別林跟妮克麗一起去參加在柏林某個大宮殿舉行的餐會。

卓別林不懂德語，所以不斷地出洋相。人家對他乾杯，他卻不曉得……。看錯了新娘，向另一個小姐舉杯慶賀……。犯了一連串的錯誤之後，終於輪到他必須說幾句話時，他變得膽怯異常。他又不懂德語，但不得不站起來。

那次餐會，場面之大，罕有其比，出席的人，又都是風采非凡，只有他又瘦又小。卓別林感到喉乾口渴，不知如何是好，他想，要是地下有個洞，讓他鑽進去該有多好！

突然，他急中生智，想到在這種場合，最重要的是「好好地傳達自己的謝意」。於是他不想說話了，改以啞劇（pantomime）來表現他想說的話。

偌大的大廳，頓時籠罩了寂靜。人人注視他的演技，最後，卓別林配合音樂的調子，跳起他獨特無二的舞來。他舞到男主人、女主人面前，以舞致敬。然後，又舞到新郎、新娘面前，以絕妙的演技，表現他衷心的祝福。最後，他舞到心愛的妮克麗面前。他向妮克麗伸出來的手，做了一個親熱的吻，結束了這一場啞劇。

那些外表正經八百的德國人，無不鼓掌叫好，熱烈地請他再表演啞劇。這個國家，原是以繁文縟節的社交方式聞名，現在居然有人只以動作和舞蹈，表現從來未見的「不說話的演講」，難怪使他們大開眼界。卓別林靠他的機智，一下子成為當晚最受歡迎的人物。

「技可助己，亦可救己。」這句格言，實在值得吾人三思。

《壇經》說：「念念無滯，常見本性其實妙用，名為功德。」意即瞭解自己的心很重要，我們要專注於自己的內心，時時保持一顆稚子之心，就會減少很多煩惱。

【正能量感悟】

當你煩惱的時候，就告訴自己，這一切都是假的，不要太自卑自己。看得開，天下沒有解決不了的事。

62. 勇氣凜凜

——自己的前途靠自己開拓

日本財經界泰斗Y氏，三歲就患了小兒痲痺症，手和腳都無法靈活使用。他在德島市得不到妥善的治療，因此，遠到大阪醫院接受診察。醫師診斷的結果是：「已經耽誤太久，無法治好。」這麼一來，手腳不靈活就成了他一生的痼疾，尤其是右手和左腳。

他的父親，當時服務於某銷售公司，為了讓Y氏能夠坐著工作，特地開了一家雜貨店。

Y氏看到同樣年紀的孩子都在上學，心裏羨慕不已，所以，要求父親不再聘請家庭老師，經過特殊的門徑，獲准到小學讀書。

家人生怕他身體吃不消，本來連小學都不讓他讀，Y氏卻一再懇求父親說：「讓我至少讀完中學的課程。」

父親拗不過他，只好讓他進了德島中學。

在中學，Y氏無法上體育課，所以，一到上體育課的時間，他只能留在教室。

當他讀到中學二年級，校方通知他退學。這是縣政府來的命令。依照規定，中學生必須學習所有的課程，不能上體育課，等於無法獲得體育成績，所以勒令Y氏退學。

他想：

「這就怪了。身體有缺陷的人，應該更有必要在頭腦活動上比一般正常的人獲得訓練的機會呀！為什麼反而不讓我有這個機會？」

當他受到勒令退學的通知，心裏著實悲憤不能自己。

就在那時候，文部大臣（教育部長）湊巧要到德島的各級學校視察。

Y氏私自下了決心：

「我要直接向大臣要求給我讀書的機會。」

大臣停留在德島四天。Y氏在四天內，到了他投宿的賓館數次，要求跟大臣見面。

當時的日本，是帝國主義思想彌漫全國的時候，所以，對大臣投宿的賓館，可說是五步一哨，警備甚嚴。一個手腳不靈活，又沒有攜帶任何介紹信的黃毛小子，闖進來要見大臣，當然屢遭拒絕。

Y氏還年小，不曉得這個道理，支撐他的只是想上學的那股熱忱。給警衛人員拒絕數次之後，他才曉得此路不通，於是，想到趁大臣外出時，來個攔車告狀。

他在報紙上看到一個消息：

文部大臣在隔天十時左右，從賓館到「滴水閣」，參加市民大會。

當天，他就穿了一身黑衣，躲在黑色圍牆邊，等待機會。

當文部大臣出了賓館的門，正要跨進馬車的時候，Y氏就衝了出來，喊說：

「大臣，大臣，我有事求您！」

負責守備的警官，吃了一驚，連忙跑過來攔阻他，罵說：

「這個小鬼，已經在這裏纏了數天了，真是可惡，快走開！」

大臣一看，不過是個小孩子，就笑著說：

「沒關係，讓他上來吧。」

Y氏聞言大喜，立刻爬上馬車。從賓館到滴水閣，約有兩公里長，途中，Y氏用地方腔調甚重的話，斷斷續續地告訴大臣說：

「我的身體有缺陷……我覺得肉體有缺陷的人，無法像正常的人那樣從事勞力的工作，所以……除了靠腦筋，將來必然無法在社會上跟別人相比……。由於身體不靈活，學校就命令我退學……像我這樣的人，在我們德島中學，還有兩個人……。

如果這是文部省的命令……我想，全日本至少也有數百個身體缺陷的人，無法上中學……。對我們這一群人來說，只能靠頭腦過以後的日子……，所以，至少也要讓我們讀完中學的課程……。」

Y氏抱著非說服大臣不可的氣概說話。大臣一直傾聽他的說詞。

當馬車到了滴水閣，大臣就說：

「你說的意思，我完全了解了。」

大臣還叫身邊侍候的人，送給Y氏一個大餅。

六個月後，文部省下了一道命令給全日本的中學：

「無法上體育課的學生，也准予進入中學。」

從這件事之後，Y氏就得到了一個教訓：

不管年紀多大，只要想做什麼就得付諸行動，自己的前途，必須靠自己來開拓。

《壇經》說：「下下人有上上智，上上人有沒意智。若輕人，即有無量無邊罪。」

一般人常常認為出身低的人沒有知識，不懂禮儀，因而瞧不起他們。這是一種錯誤的看法，實際上出身低的人也有很多具智慧的人，最終成就了大事業。相反的，出身高的人，也有無才無德的人，飽食終日，漫不經心，最終一事無成。

【正能量感悟】

凡是做事，自己都有懷疑就不要做，要做就不要懷疑。人的一切行為，是決定自己一生的命運。

63. 診斷書

——醫師同時也是「人生之師」

良醫不但要靠仁術來醫治人體，同時，也能醫治「人心」。也就是說，醫師必須也是「人生的老師」。

一天，在道格拉斯醫師的診察室，出現一個第一次到他診所的患者。這位患者要求醫師給他一份診斷書，以便向公司提出，做為證明書。道格拉斯正想診察那個患者，患者卻說：

「不，醫師，我正在趕時間，不用診察了，您只要填一份我沒有病的證明書就好了。」

道格拉斯醫師不以為然地說：

「這可不行。我還沒了解您身體的狀況，不經診察寫診斷書，我可辦不到。」

患者急著說：

「醫師，請您通融一下，別那麼正經八百了。」

道格拉斯醫師的口氣，忽然變得很嚴肅：

「這是什麼話，您且先坐下來。」

他向那位患者說：

「您這種想法實在不好。要知道，做這種事，對您的害處極大。您要不要讓我診察，由您決定，可是我必須把我的看法，毫不隱瞞地告訴你。

您不經診斷，等於欺騙了公司。我為您隨時填個診斷書，老實說，並不困難，但是，我如果這麼做就等於傷害到了您。

要是診察的結果，發現身體有毛病，只要接受治療，一定可以治好，世上絕對沒有可恥的疾病，有病而不接受診治，那才是可恥的事。

我一直希望患者堂堂正正做人，堂堂正正活著，請您好好考慮一下，如果您覺得我說的話正確，今天晚上也好，一週之後也好，想通了再來找我。」

道格拉斯醫師是邁亞州的一個開業醫師，窮其一生，為市民服務，他一直奉行的就是：

「醫師是人生之師」這句話。

任何人從事任何職業，都應該有道格拉斯醫師這樣的信念才好。

《維摩詰經》：「佛以一音演說法，眾生隨類各得解。」

在生活中，每個人的經歷、思維方式、行為習慣都不同，很多事情都是見仁見智的。為人處世，不要將自己的意見強加在別人身上，但也不可沒主見，人云亦云。

【正能量感悟】

每一個人都擁有生命，但並非每個人都懂得生命。做人是對自己良心的交待，不是做給別人看，能為別人設想的人，永遠不寂寞。

64. 外文之用

——到頭來總會派上用場

日本「富士通」前社長O氏，在工商界算是長老級的人物。

他很少參加外界的大活動，所以，在報紙、電視上甚少引起熱鬧的話題，其實，不但是工商、財經界，連勞工團體都十分敬畏他，說來他是個有實力，有作為的人。

O氏在學生時代對外文下過一番苦功。他精通英、德、法語，說起這三國的話，就像說日語那樣流暢無比。

他當了「富士通」社長的時候，由於缺少對業務的知識，他就叫技術部門的人拿來最艱深的書。拿到他面前的是有關半導體和電晶體的書，這些都是外語寫的原文書。

他看了好幾次，還是不懂，後來，叫來技師為他說明後再看，總算弄通了。

給他叫去講課的技師，拿這件事誇個沒完，公司的許多年輕技師就爭著要為他講課了。

O氏在上任後不幾年，就把「富士通」經營得比母公司——「富士電機」的業績還要好。

他精通數國語文，給他帶來視野廣闊的長處，「富士通」在這種社長領導之下，日進千里，實在是勢所必然。

※　※　※

人稱美國飛彈界先驅者之一的亨利．普拉克斯頓（自動系統有限公司社長），曾經回憶說：

「我經營企業最珍貴的資產，與其說擁有專門的知識，不如說擁有通才的素質和興趣。

學生時代，我專攻電氣工學，可是，踏入社會後並不走本行，倒是向其他的各種行業求發展。在那一段期間，我學了四年的法語，六年的德語。此後二十年間，這兩種語文的能力，一直沒有用武之地，足足在腦裏睡了二十年。

有一次，我突然為了商務到了歐洲。對方又是連英文的ABC都不懂的德國人和法國人。

這次的見面，可不是在社交場合聊聊天就了事。而是商談具有法律效力的交易。二十年前學的外文，居然在這時候才發揮了作用。

還有，我曾經在某大企業當過見習生，一進去就給派到生產部門，我對生產部門可說是一竅不通，一切都從頭學習。那裏學到的東西，在後來幾年中一直沒有活用的機會，可是當我成為經營者，那時候獲得的知識和訊息，卻使我對本公司生產機構的種種有所了解，在應付各種問題時，也給了我莫大的幫助。」

學生時代，他認為經濟學對一個學電子工業的學生，並沒有什麼作用，所以，不怎麼用心學習（他的經濟學曾經兩次不及格）。

數年後，他打算創設公司，那時候他才為自己太缺乏這方面的知識而大感後悔。

經營者必須是個通才，這不是美國特有的現象，而是放之四海皆準的通則。一個經營者有了全盤性的見識，才能完成他的責任，這該是天經地義的事。

《法句經》說：「愚者如牛般地老長。其肉即使增加，其智卻不增長。」人生中應學之事永無限界，直到生氣止息為止都應持續地精進。「百尺之高，累於九碁之上。」造就大事業、大學問，都必須有堅實的基礎。勤奮苦讀就有學問，肚裡空空，什麼知識也沒有。

【正能量感悟】

學問積累在心中，就如樹木之開花結實；根本堅實完好，樹木的枝幹就茂盛。

65. 片面之詞

——差點害死一條人命

有一天，許課長從外面開車回到公司。

他想把車子開進公司專用的停車場，卻由於前面的車子，停的位置不對，使他無法順利停車。他問停車場的管理員：

「這是誰的車子？怎麼停成這個樣子？」

管理員漫不經心地答說：

「大概是邱先生，他剛回來。」

許課長立刻叫來邱，劈口就把他罵得狗血噴頭。

邱開那輛車回來，是事實，但他剛開車進去停車場就有人叫他聽電話。電話是一位重要客戶打來的，急著跟他洽談一件事，邱只好請正在附近的一位同事，把車停好，趕著去聽電話。

受託的同事沒把車停好，邱就受了池魚之殃。

聽到這件事的人，都說：

「許課長只聽片面之辭，這是他一貫的作風，有什麼辦法？」

邱挨了許課長的罵時，由於懶得答辯，只有默默承受這一場「災禍」。

這種程度的「胡亂判斷」還不至於惹出什麼大禍，若是換了下面的例子，那就有得瞧了。

在某總公司服務的郭小姐，一天，被經理叫去。經理開口就說：

「妳呀，惹出大麻煩了，從分公司寄來的一件重要文件，居然不見了。我剛才打電話到分公司，那個帶文件來的人說，他把文件交給了妳。人，難免犯錯，我不是有意罵妳，快去找那份文件吧。」

這件事對郭小姐來說，可真是晴天霹靂。她向經理說明自己從沒接到那份文件。經理大為不悅，厲言罵說：

「到了這樣的緊要關頭，妳還在強辯？快去找吧！」

郭小姐一再地說絕無其事。經理氣得什麼似地，從此給她蓋上「狡猾、不遜」的烙印。

郭小姐的確沒接到文件，當然，無從找起，可是她愈想愈氣，想辭職嘛，由於文件失落之事未曾解決，無法如願。內向型的她，為這懊惱不堪，甚至想以死抗議經理的「無理取鬧」。

半個月後，那個文件在某個空抽屜給發現了。這件事還不足以洗清郭小姐的污名。

又過了半年，分公司的王先生來到總社，問郭小姐說：

「請問，那位丟了文件的小姐是不是辭職了？」

郭小姐一聽，心裏一驚，忙向他探問實情。

原來，帶來那個文件的是王先生，接那個文件的人是當月因結婚而辭職的蔡小姐。王先生回到分公司後，向處長報告時，由於忘了蔡小姐的姓名，只說明長得怎樣的小姐。

總公司經理只聽那個長相的描寫，就斷為是郭小姐，所以，猛向她追究文件失落的事。

王先生當然也聽到文件失落的事，可是沒料到郭小姐因而給逼入想自殺的困境。他在半年後，又到總公司，發現蔡小姐不在，才想起文件失落的事，問起她的。

分公司的處長沒問清楚就斷為收了文件的人是郭小姐，而總公司總經理也把處長的話囫圇吞，沒經過一番調查，就把郭小姐大罵一頓，害得郭小姐，有一陣子差一點就想自殺。

《壇經》說：「思量一切惡事，即生惡行；思量一切善事，即生善行。」意即，心中想著一切惡事，就會產生惡的行為；心中想著一切善事，就會產生善的行為。

我們需要在念起之前，將惡念扼殺。萬一郭小姐以死抗議，這個責任該由誰來負呢？你不覺得聽信片面之詞的害處，有多可怕嗎？

【正能量感悟】

廣結眾緣，就是不要去傷害任何一個人。時時好心，就是時時好日。

66. 無眼識才

——據說許經理拿了回扣

某貿易公司的許經理，是個精幹過人的大才。那家公司之有今日，可說他的貢獻至大。

可是，有一天，邱董事造訪董事長的家，說：

「據說，許經理對廠商動不動就拿回扣，著著實實撈了不少錢。」

邱董事還暗示有一份資料，足以證明許經理惡劣的行徑。董事長大人並沒有徹查，隔天一上班，就叫許經理來，說明理由，請他辭職。許經理連一句辯解的話都不說，當場就寫了辭職書，離開了公司。

不久，董事長獲知，原來這是邱董事對許經理看不順眼，才使出揑造事實，逼許經理走路這一招，也查出專拿回扣的倒是邱董事本人。董事長立刻把邱董事解聘，並且請許經理回來。經理早就看破了董事長，所以，一言拒絕。

兩年後，這家公司就倒閉了，許經理呢，在兩年間獨立創業，開了一家貿易公司，現在已略具規模，每年至少都可以賺三、四千萬元。

因一點小事就惡言相向，互相怨憎，從此成仇人的事，在現實社會中屢見不鮮，因怨恨而藉機使壞報復也不少見。所謂「多行不義必自斃」，自己造惡自己受，恁誰也替代不了的。

《佛說文殊師利淨律經》說：「人心本淨，從處穢濁則無瑕疵，猶如日明不與冥合，亦如蓮花不為泥塵之所沾染。」

我們如果能夠以這樣清淨、純潔的心靈去對待別人，就能煥發出來自內心的美，從而得到別人的喜愛和尊重。

【正能量感悟】

人，不該有惡念，否則只會讓自己跌進惡運的深淵。真誠愛人，才能得到別人的敬愛。

67. 複利式的努力

——成功的方程式是……

當我們參加國小或國中的校友會，或是翻看校友紀念冊，經常感覺到的是下面兩個事實。

一、青少年時代，學業成績拔群出眾，也很有領導能力，人人認為將來必有大成的同學，在幾十年後，卻無聲無息，毫無成就。

二、在國小、國中時代，成績平平，其他方面看來也極其凡庸的人，進入社會之後，卻嶄露頭角，成為各界一方之雄。

當然，一個人的成就，跟命運、健康、家庭環境，息息相關，但是，綜觀一般情況，最重要的關鍵，還是在於他個人的努力如何。

所謂的成就，大致可以分為「能力」和「努力」兩者相乘的總和。列成公式是這樣的：

〔成就〕＝〔能力〕×〔努力〕

也許，有人會說，這有什麼稀奇？誰都知道這個道理啊。值得一提的是，「能力」這個東西，並不是月月相同，年年相同。「能力」可以由於下工夫的深淺，而發生差異。所以，經過一段期間後，「有些人的能力」就大增，有些人的「能力」卻大減，或是保持原狀。

假設，現在有甲、乙兩個人。甲的「能力」是乙的兩倍，但是，乙比甲的「努力」程度，多了三成。那麼依照前面的公式，就成為：

甲：〔能力〕2×〔努力〕1＝2

乙：〔能力〕1×〔努力〕1.3＝1.3

以目前的情況來看，甲的成就比較大。可是，甲的「努力」只是1，所以

2×1＝2，他的能力在數年後還是2。乙呢？由於他的努力程度超過甲，過了某個時期，他的「能力」就逐漸增加，成為一・三倍。努力的程度如果只增不減，有一天，就可能成為原先的一・三倍～一・六九。這時候，兩人的成就以數字來表示就成為：

甲：〔能力〕2×〔努力〕1＝2（跟以前一模一樣，毫無進展）

乙：〔能力〕1.69×〔努力〕1.3＝2.2（乙的成就已經超過甲）

如果，這種趨勢，一直保持下去，兩者的差距將愈來愈大。當然，甲的能力也可以增加，但是，由於乙的努力程度比甲高昂許多，論結果，甲還是趕不上乙。也就是說，成功的公式應該是：

〔成功〕＝〔能力〕×〔努力〕^{n}

天生的才能雖然有差別，但是，後天的「複利式努力」，卻足以挽回天生的不足，甚至超過天分比自己高的人。努力之重要，由此可以想見。

《雜阿含經》說：「此有故彼有，此生故彼生；此無故彼無，此滅故彼滅。」

世間萬物不會憑空產生的，也不會憑空滅亡的，都有其存在因果關係。我們要明白，現在自己所製造怎樣的因，就會產生怎樣的果。

人們的行為千差萬別，一個人所有的行為都是受到思想的操控，所以無論自己想做什麼事情，都要先正了思想，立了志向，才有取得成功的可能。

【正能量感悟】

立下志向，樹個目標，人生才有行走的方向。有了志向，就有做人的本事與信心。

68. 發講義

——她一定把髒的一份給我

康小姐是個腦筋明敏，心地善良的人。她的長相並不很漂亮，但人品好，所以男同事也好，朋友也好，無不對她抱有好感。

小時候，她做學生，在班上成績總是前五名。腦筋好，功課好，自然而然就產生只知別人的缺點，個性也日漸驕傲起來。

她讀高中的時候。有一天，音樂老師在上第一次課的時候，吩咐同學說：

「我要發講義給大家，請一個個來拿。」

康小姐覺得奇怪，發講義只要叫班長分發，不是省時得多嗎？何必那麼麻煩呢？

老師倒有他的想法。由於這是初次擔任的班級，為了及早認識每一個同學的面貌，才吩咐同學們一個個來拿。班上有幾個同學並沒有親自去拿講義，而是託隔鄰的同學一起拿兩份。

康小姐見狀，也懶得親自跑去拿，託鄰座的劉同學說：

「請妳把我的一份也同時要來。」

當劉同學把拿來的講義放到桌上，康小姐一看，心裏就後悔了。因為其中的一份，表皮上有污點，而且給折了，起了皺紋。

康小姐的腦裏立刻閃過一個想法：

「劉同學一定會把表皮髒的那一份給我的。」

但是，事實出乎意料之外，劉同學毫不猶豫地把表皮乾淨的那份交給她。

事後，她為自己的想法感到可恥。

「劉同學的為人太叫人欽佩了。」她想。

康小姐由此想到，平時，劉同學為什麼很受同學們尊敬的道理。就為了這次經驗，康小姐開始對自己私利為主的觀念，痛加反省，變成一個處處替第三者著想的人。

這是一個契機，從此以後，康小姐的驕慢行為就歛跡了，踏進社會，成為職業婦女之後，她更能處處寬諒別人，為別人設想，所以，目前在公司裏，才能受到每一個同事的另眼相看了。

《八大人覺經》說：「心是惡源，形為罪藪，如是觀察，漸離生死。」

心魔是一切罪惡的源流，心魔將一切魔障幻現在色身之上，身體就貪受一切六塵的污垢。我們要身心具淨，才能遠離一切罪惡和魔障。

佛陀之所以能夠明心見性，是因為他們能夠集中精力悟入其中，常人如果對自己的理想集中精力，必能獲得良好的效果。

【正能量感悟】

認識自己，降伏自己，改變自己，才能改變別人。你什麼時候放下，什麼時候就沒有了煩惱。

69. 教學相長

——從友情中得來的啟示

奕雄是某高中的學生。他事親至孝，放學回來後，就幫年老的父親做生意，往往為了送貨品到客戶的家，忙到深夜。雖然如此，他的學業成績，總是在十名以內，說來還真不簡單。

畢業考試逼到一個月後的一天，他的同學文良，不幸遇到車禍，住進醫院治療。

他想：

「我必須把文良住院期間沒學到的功課教給他，可是我自己還得溫習功課，也得照常幫忙爸爸照顧生意。這下子三件事情就撞在一起了，可怎麼辦？」

後來，他決心同時完成這三件事，藉此對自己的潛力來個挑戰。

他立刻跑到醫院，把當天學習的功課，教給文良。

學是一回事，教是一回事，奕雄發現自己在教文良的時候，總覺得無法說明得一清二楚。

他悟到了一件事：

（要教別人，光是普通那種略懂的程度，絕對辦不到，除非對學習的事，徹底了解，徹底消化，否則無法使受教的對方聽來清清楚楚的呀！）

於是，第二天開始，上課的時候，他就格外用心聽講，不敢稍微分心。

從學校到醫院的途中，他還不斷地在心裏思考：

這個問題如何說明，文良才會一聽即懂？

由於把當天學到的知識，又如此反覆揣摩幾次，他回家後，根本就不用復習功課了。

文良對奕雄當然是感激不盡，所以，雖然無法上課，卻格外用心聽奕雄的

「講課」。

畢業考試那天，他坐著輪椅去參加，順利通過那一場考試。

學校發表畢業考試的成績，結果是奕雄得了第一名，文良第二名，一時傳為全校的美談。

《勝鬘經義疏》說：「不求自度，濟物為先，佛果等流，稱之大乘。」為同學、朋友盡心盡力地服務，哪怕是小事，也能讓你種上福德的。我們普通人如果能多行善事，廣結善緣，相信事事會逢凶化吉。

【正能量感悟】

每個人要多為自己種下善因，善良的種子，必然會綻放出光彩的花朵，人生也因利他而豐富。

70.汲糞尿的孩子

——他要成為一個偉人

不少人嘴巴一張開就大論人生，教人如何生活，如何做人，但絕大部份是言而少行，甚至言而不行。A學園是專門收容精神薄弱兒的機構，地點在希臘雅典。這是一九〇〇年的事。

裏面有一個精神薄弱兒，叫做詹米納。一天，詹米納問園長說：

「園長先生，我將來是不是也可以成為偉大的人？我覺得我不可能。」

園長說：「為什麼不能？只要下決心，朝著自己的希望不斷做下去，誰都可以成為偉大的人呀。」

詹米納又問說：「那，我這麼小，平時要怎樣才有希望變成偉大的人？」

「如果將來想成為一個偉大的人，自小就要養成自動做別人討厭做的事。譬如，廁所不是經常髒兮兮嗎？能夠自動把廁所清掃乾淨，他就是偉大的人了。」

園長答說。

詹米納似乎聽懂了，不斷地點頭。

「只要把廁所清掃乾淨，我也是個偉大的人，那還不簡單，我當然可以做到呀！」

他說完，就找出水桶和抹布，朝著廁所，急忙奔去。

從此以後，只要一有空，詹米納就往廁所跑。他把廁所打掃得光可潔人，下的工夫似乎不淺。他把糞坑裏面的髒物，舀得乾乾淨淨，然後，還不打算就此收工，從坑口伸進長柄杓，等著上面掉下來的東西。

這個行為，使學園中的女老師啼笑皆非。

要詹米納停止清除廁所的工作，是不可能的，因為，這是他成為偉大的人唯一的途徑。

看到這個故事，如果有人笑這位精神薄弱兒的行為，那是他們的自由，別人是無從干涉的。可是，我們不能否認，從這個故事會獲得一個啟示。他那種拋棄一切，只熱衷於此，朝自己的路猛進的行為，對所謂健全、正常，但做事懶怠，不盡責的一些人，不正是極大的諷刺嗎？

《壇經》說：「口念心不行，如幻如化，如露如電。口念心行，則心口相應。本性是佛，離性無別佛。」

做任何事情都要全身心地投入，要做到全身心地投入到一件事情之中，就不應該只考慮這件事的目的和結果，否則就沒有成功之後的身心俱悅的感覺。

人生一世，態度決定了很多人生境地，如果人人都有一個好的心態，活在當下，就是幸福、快樂了。

【正能量感悟】

立下志向，樹個目標，人生才有行走的方向。有了志向，才有做人的本事和膽略。

71. 窩囊議員

——做三角記號的也全是黑字呀！

日本戰敗後不久，實施民主政治，很多土包子大財爺，為了爭個名，紛紛跑出來競選議員。

這是在日本九州K市發生的真實故事。那天，市議會決算委員會在議會召開質詢大會。由於牽扯到一些微妙的問題，出席的議員特別踴躍，旁聽席上也擠了很多市民。

S議員坐在自己的座位，翻看市政府發下來的資料表。他是土財主出身的議員。

「今天，我一定要向那些政府首長提出質詢。」

他胸有成竹地等著機會。當了議員後，他還沒質詢過，所以，今天打算來個「驚天動地」的表現。

平時，議員們在一起聊談的時候，S議員倒也能言善道，人緣尚佳，怪就怪在，議壇上從來不做正式的發言。好多議員都為這感到莫名其妙。

S議員當然也對這個疑問略有所聞，所以，今天非好好來個質詢，洗清懷疑，挽回名譽不可。老實說，他在自己的座位上，每次都專心聽著市府首長們的說明，以及市長的答辯，可就是愈聽愈糊塗，不知其所以然。

他最感到奇怪的是，資料表上明明沒有「紅色的字」，可是官員們動不動就說：「本期的赤字……」

「資料表上的赤字，一共是多少……」

他偷偷瞄了一眼旁座議員的資料表，也沒發現有什麼用「紅字」寫的數字。

這件事，一直憋在他心裏，化解不了。這一天，他信心十足地突然舉手喊了一聲：

「議長，我要發言！」

也許是胸有成竹的關係吧，聲音之宏亮，他人不能及，連自己都嚇了一跳。

「S議員，請發言。」

在場的議員和旁聽的市民，瞧他來勢洶洶，無不屏住氣息，等著他開口。

S議員從容起立，掃視了一下全場，以嚴肅無比的聲音和態度說：

「我一直用心聽著市長和有關官員的說明，你們開口赤字，閉口赤字，可是找了半天，也發現不到有赤字的數字，這是什麼道理？」

市長和有關官員，看他那麼正經八百地發言，以為給逮到了什麼毛病，心裏七上八下地，一聽，不免大大鬆了口氣。負責決算報告的官員，獲准答覆後，站起來說：

「有三角記號的地方，就是赤字的部份，請S議員再用心地看一下。」

議員同僚和旁聽的市民，還沒弄懂S議員質詢的真意何在，他們無不注視S議員，看他的下一步棋，到底是什麼。S議員聽後，又從容地站起來。

這次，他的嗓子比剛才拉高了幾倍，他以近乎怒喝的聲音說道：

「三角記號？喂，你沒發燒吧？三角記號的地方，寫的也全是黑字呀，哪裏有什麼赤字！」

這時候，全場的人才弄清楚了S議員的疑問，頓時，像限時炸彈炸開那樣，陣陣哄笑從四周爆發了出來，震得屋宇都要傾塌了。

S議員還不知自己鬧了大笑話，以為大家在稱讚他「明察秋毫」，跟著全場的人，笑個不停。他的笑容，還充滿了自傲和滿足感呢！

《佛說文殊師利淨律經》說：「人心本淨，縱處穢濁則無瑕疵。」社會上的成功人士，是經過了長時間的累積，並不是一朝而成的。有一份好的心態，處亂而不驚，沉著冷靜，就能夠得到他人的讚賞。

【正能量感悟】

聽到別人的批評，要自我反省；有錯就改，沒有則歡喜包容。

72. 缺陷醫治法

——從「假面」變成「實體」的秘招

美國第二十六任總統大羅斯福（一八五八～一九一九年），在位時，發揮政治才華，解決了美國國內的經濟、勞工等眾多難題。

他碰到任何困難的問題，從不退卻，反而鼓起勇氣，自動衝進問題的核心，為解決問題而努力。他特有的那種勇氣和信心，是怎麼來的呢？

他生來就是個神經質，身體又孱弱不堪的人。這種先天上的缺陷，使他不敢從事冒險性的事，他曉得自己的缺陷，所以，一直想克服這種肉體上、精神上的弱點。

少年時代，他看到馬爾耶特寫的一本書。其中的一章，提到一艘小軍艦的艦長，對主角說的一句話：

「你想成為勇敢無比的人？我告訴你個中秘訣吧。第一次遇到戰鬥的局面，任何人都會膽怯，甚至發抖。那時候，你必須打起精神，『裝得信心十足，無所畏懼』。如此一來，累積多次經驗，假面就變成實體，到頭來，你就不知恐怖為何物了。」

他看到這一段話後，大受感動。他想：「生死一髮之間的戰鬥狀態中，都能做到這種地步，那麼，在日常生活裏，做來不就更容易？」

從此以後，他就為鍛鍊自己的身心而花了很大的工夫。起初，連站在聽眾之前說話，都會緊張得渾身顫抖，嘴巴發僵，說不出半句話來。碰到這個局面，他就想到艦長那句話「裝得信心十足，無所畏懼」。經過好多次這種「故裝」的經驗後，他的膽子和信心，果然一天比一天壯大了。

釋證嚴說：「開口動舌看似簡單，其實事關重大，因為道在語默動靜間。」威廉‧詹姆士如是說：「不是因悲而哭，而是因哭才悲。」這是一句名言，值得奉為金科玉律。

西哲有言：「反覆之功，可使某件事定著。」這都是意義雷同的話。起初，或許是假面而已，在不斷重複之後，它就成為「實體」了。大羅斯福靠這一招，終於克服了自己脆弱、膽小的心，成為史上留名的大政治家。

【正能量感悟】

先掃一屋，才能掃天下，要從自我做起，從現在做起，從小事做起。

73. 身兼三職

——一天只做一種事？

凱莉兼了兩種工作。一種是做太太的工作，一種是舞蹈老師的工作。這兩件工作，她都應付得綽綽有餘。

她的先生由於中風，臥病已久，由於她的細心照顧，現在已經可以躺在藤椅上。

先生目前唯一的樂趣，就是躺在藤椅上，欣賞庭園的景致。凱莉為了使先生獲得賞心悅目的效果，每天早晨，把五點半到七點半的兩小時，花費在庭園的清掃和草木的修剪上。

有人告訴她：

「妳那麼忙，庭園的整理工作，大可請一個專人來負責呀，何必那麼勞累？」

她不以為然地回說：

「一天中，早晨的這兩個小時，是我最快樂的時刻。清掃庭園和修整花木的工作，是在盡我做太太的本份。平時，我教舞蹈，忙得分身乏術，只有這個時間，我倒可以為丈夫做一點事。

當我在清掃庭園，會有種種想法，譬如，丈夫大概希望在這邊種些什麼花木，喜歡庭園的佈置是個什麼樣子，我就多方研究、揣摩，務必做得讓他對庭園的景致感到滿意。

同時，在庭園中工作，往往也會頓起靈感，想到舞蹈上的種種創意，所以，有時候拿著手中的掃把，就在庭園舞起來了……。」

她一身兼了主婦、太太、舞蹈老師三種工作，不但毫無怨言，反而發掘出一石三鳥的樂趣。

一個人如果只能在一天中做一種事，那就太無意義了，應該像凱莉那樣，一天可做好多事，而且做得心有餘裕，心有欣喜。

這是美國舊金山發生的真實故事，值得我們回味再三，有所學習。

《八大人覺經》說：「懈怠墜落，常行精進，破煩惱惡，摧伏四魔，出陰界陰。」

懈怠是人生的病患，精進則是對治懈怠的最好藥方。精進能令眾生未生起的善心快速的生起，令已生起的善心增長，讓未生起的惡念不會生起，使得已生起的惡念快速斷除。

自然萬物都有各自的生存法則，也安排了各種生物的不同命運。因為貪瞋之念，而抱怨生活的艱苦，那是沒有參悟生活的真義。淡泊享受，接受平凡生活，是永恆的生活哲理。

【正能量感悟】

生命裡有很多美好的東西，那就是親情、友誼……把情義放在心上，誠心待人，熱情相助。

74. 浩然之氣

——苗給老爹拔得全枯死了

一天，公孫丑（孟子的弟子）問孟子說：

「老師認為跟那位告子（孟子的論敵）比較，到底在哪一方面勝過他？」

孟子答說：「我嗎？一是懂得理解別人的話，一是善於養浩然之氣。」

公孫丑又問說：「浩然之氣？那是什麼樣的氣呢？」

孟子答說：

「這很難一言而盡。浩然之氣，是一種又大又強的東西，正確地培養它，它就可以充塞於天地之間，成為浩然之氣。不過，它必須有道、義相隨，否則就無法存在。

在不斷實行道和義的時候，自然而然就可以得到浩然之氣，偶而行使道、義，它就無法出現。又心裏若有邪念，它也會煙消雲散。想養成浩然之氣，必須時刻把這件事銘記於心，但是，切莫有意拿它當目的。忘了它，也不行，故意助長它，也不行。

宋國有一個農夫。他為了助苗早日長成，拼命地把苗拔高，這樣忙了一天之後，回家向家人說：『唉，快累死我了，一整天為了揠苗助長，害我腳酸背痛，真受不了。』他的兒子一聽，連忙跑去田裏，一看，那些苗早給老爹拔得枯死了。這種人，世上可多得很。

把養成浩然之氣當做無何益處的人，等於不除田地的雜草一樣。但是，為了助長它而訴之緊急行動，反而效果不彰，這就無異宋人的揠苗助長，白費工夫。那就不但無益，反而有害了。」

《雜阿含經》說：「如是一切善法，一切皆不放逸為根本。」

很多禍患都是因為一時的疏忽而導致的，隨時保持一顆謹慎的心，不因為一時的榮辱而患得患失，這樣才有成功的機會。

說得千萬遍，不如做一遍。做事雖然要用心，但必要自在、輕鬆，切莫過於求好心切而變成「揠苗助長」。

【正能量感悟】

每一種創傷，都是一種成熟。

不要太肯定自己的看法，這樣可減少後悔。

75. 王者之道

——張儀和司馬錯的論辯

戰國時代，秦國和六國不斷分庭抗禮。當時的秦國宰相是倡連橫之策的張儀。他和司馬錯在秦王面前，為了該不該伐蜀（四川省）而展開一場辯論。

張儀說：「以臣的愚見，必須先跟魏、楚兩國立下友好關係，然後，調兵攻打周。周室一定大為驚嚇，把祖傳的珍寶獻出來求和。

這時候，我們就狹天子以令天下。蜀這個地方，不過是邊遠之地，即使攻取了也不足以影響大局。與其佔領那種僻地，不如攻佔中原，統一天下的目的就指日可待了。」

司馬錯大不以為然。他振振有詞地辯說：

「這就錯得離譜了。我聽說過：『想使國家富裕想使其馬強盛，必須先使人民富庶；想成為王者，必須先身立德。』如今，秦國的土地狹小，人民貧窮，所以，攻取蜀地，等於擴展領土，又能獲得財富，這才是一舉兩得的妙策。現在，要是反其道而行，調兵攻打周室，只能得到威脅天子的罪名，只有百害而無一利，豈能輕率而為？吾王務必停止那種念頭。」

秦王認為司馬錯的話，言之成理，因此，最後決定攻打蜀地，不派兵攻打周室了。

秦王聽了司馬錯之言，立刻頓悟而其取長。以此觀之，一個國家的領導人，能時時以德為本，處事公正，何愁國家不強。

《壇經》說：「若能鑽木出火，淤泥定生紅蓮。苦口的是良藥，逆耳必是忠言；改過必生智慧，護短心內非賢。」

釋證嚴上人說：「如果沒有毅力、不忍辱，就無法向前精進。」

踏踏實實做人，實實在在辦事，多一些努力，便多一些成功的機會。要想品嘗成功的滋味，就得敢闖敢幹，少言多行，這才是長久的根本。

【正能量感悟】

海納百川，靠的是寬容的心。做人做事心胸不可太狹隘。

76. 馬夫的話術

——對什麼人就說什麼話

一天，孔子騎馬到郊外野遊。跟隨的人有子貢和幾個弟子。天空萬里無雲，一行人來到一座小山丘。從那裏，四周的景色可以盡收眼底。孔子下了馬，坐到草地上。

他仰望晴空，俯視翠綠的大地，不禁沈醉其中。

孔子對子貢說：「難得的好天氣，是不是？」

子貢答說：「是的，老師。」

孔子和子貢只交換了這些話就沉默了。鳥聲隱約的傳來。世界一片寧靜。

突然，從遠處傳來吼叫聲。

「咦，那是什麼聲音呀？」子貢不禁豎耳靜聽。

「哪來的傢伙，居然拖來這一隻瘦馬，在人家田裏胡亂踐踏！……」

子貢起身望向傳來聲音的地方。不看還好，一看他就吃了一驚。

老師騎來的馬，在大家稍微不注意的時候，已經溜進附近的農園，大概在田地上已經踐踏了一陣子，給一個憤怒的農夫逮住了。農夫氣得什麼似地，正在那裏出口罵人。

子貢說：「老師，您看，馬跑進農園踐踏人家的田地了，糟糕，這可怎麼辦？」

正在沉思中的孔子，給子貢這麼一嚷，回頭一看，不禁皺了皺眉頭，說：

「馬惹出麻煩了，你去向人家道個不是，把牠拖回來吧。」

子貢沒想到老師會派這個差事給他，心裏有點不情願，可是師命難違，只好硬著頭皮去了。錯在自己，所以，子貢面對那位農夫，只好再三作揖地向他致歉。他措詞有禮，態度誠懇。

子貢蠻以為自己是孔子優秀的門生，如此誠意道歉，對方必定立刻破怒為笑，把馬還了。

沒想到，那個農夫才不那麼輕易地饒過他。農夫滿臉秋霜地說：

「我聽不懂你在說什麼話……這隻馬踐踏了我的田地，傷害了農作物，太可惡了，管你說什麼話，我也不會白白還給你。」

子貢楞在那裏，真個不知如何是好。受命討馬，目的未達，對他來說是面子盡失的事，可是，那個農夫怎麼求也不肯放馬，只好無精打彩地走回來，向孔子覆命。

孔子一聽，忽有所悟地拍了一掌，說：「這是我的錯，派人派錯了。」他叫來馬夫，吩咐說：「馬踐踏人家的農園給逮住了，你去道個歉，要牠回來吧。」

馬夫一走近農夫身邊，開口就嘆說：

「這位大地主大爺，您們家的土地太廣闊了，真是這一帶少見的一大片田地呀。我看來，簡直是從東邊的海岸到西邊的海岸，全是你家的咧。我們這一隻可憐的馬，一路走來，大概快餓扁了，畜生嘛，所以不懂事，牠就闖進來吃您大爺農園中的東西了。唉，真是太可惡了。不過，您的土地實在太廣闊了，您大爺，真是個大地主，叫人羨慕咧！」

當馬夫邊讚嘆，邊這麼一扯，農夫就態度大變，他會心地笑了一下，說：「我的土地，不怎麼大，也不算是什麼大地主，……這是你們的馬呀？」馬很快就回到馬夫手裏。農夫還客客氣氣地，並沒有提出任何賠償的要求。

孔子就拿這個例子，向弟子們教訓說：「對什麼人就說什麼話，這是很重要的事啊。」

釋證嚴說：「有緣的人說話，句句是真理；無緣的人說話，句句成是非。」人生如舞台，台下有很多雙眼睛注視著你的一言一行，如果你的言行舉止精彩時，台下自然有很多掌聲回報你。

【正能量感悟】

今日的執著，會造成明日的懊悔。退一步，風平浪靜，海闊天空。努力了，堅持了，走過了，問心無愧即可。

77. 爸爸的秘密

——為孩子沒考上大學而喜

二十多年前，王同學是南部私立中學的畢業生。他參加聯考，第一志願是台灣大學。平時，他都能自動用功，應考的時候也認為竭盡全力，但是，各地菁英都參加的大學聯考，錄取率並不高，所以，他一點把握也沒。放榜那一天，他瞪著報紙，搜尋了好幾次，總是找不到自己的姓名。

他顯然是名落孫山了。當天早晨，父親要上班的時候吩咐說：

「不管結果如何，都要打個電話告訴我。」

王同學找不到自己的姓名，所以，怎麼也不敢拿起電話向父親報告落榜的事。母親知道他很傷心，也避不跟他談話。就在這時候，電話聲大響。

一定是爸爸打來的！他下意識地這麼想。

父親可能是等得太久也沒消息，才自動打回來問個究竟的。

母親接了電話，她說：「沒考上……他嗎？好傷心的樣子……他不敢打給您……」

母親向他暗示爸爸要跟他說話。

王同學垂頭喪氣地接了電話，開口說了一句：

「爸爸，我沒考上，對不起……」

說到這裏，他就接不下去了。使父母的期待落空，他真是難過萬分。

父親的語氣很平靜：

「這有什麼關係？別發出那麼哀傷的聲音好不好？」父親頓了一下，又說：

「老實告訴你吧，爸爸倒希望你今年沒考上呢！」

「……」

如果你考上了，不多久就要去台北唸書了？這麼一來，你就無法跟爸爸和媽媽生活在一起。爸爸本來就希望跟你一起再過一段日子啊。好了，我們就好好把握往後的一年吧！」

王同學拿著話筒的手，不禁顫抖起來。他實在忍不住了，丟下話筒，掩面而哭。

往往一句話，縱然是違心之論，但在別人的感受裡，它足可使精神振作，使人工作效率提高，同時更增添人與人之間的和諧，使我們周遭的一切更為美好、溫暖和充實。

說話是一種藝術，只有懂得這門藝術的人，才能說得一口漂亮的言詞，叫聽的人心悅誠服。

隔年，王同學如願以償地考上了台灣大學。父親充滿愛意的鼓勵，使他產生了無窮的信心，苦讀一年，完成了宿願。此後四年，他必定也是個不使父親失望的大學生。

《大寶積經》說：「當捨於懈怠，遠離諸憒鬧；寂靜常知足，是人當解脫。」「寂靜常知足，是人當解脫」，人生就應該有這樣的大氣和豪邁，真正地解脫了自己的心。

後天的努力與勤奮，對於一個有理想的人來說甚為重要。為自己鼓掌吧！它是一種精神的復活，它可以讓你走出逆境。

【正能量感悟】

勤能補拙，做事從一點一滴做起，就能達到目的。沒有一位成功的人是靠天生的才華一蹴而幾的。

78. 專利權

——視富裕如浮雲的居里夫人

居里夫妻由於發現新元素釙（polonium）和鐳（radium），而一夕成名。如果他們把這個發現拿去登記專利，不難成為億萬富翁。

一個星期天的早晨，居里先生接到美國某工廠寄來的一封信。他們願意以鉅額的錢，買鐳的使用許可狀。居里先生把那封信拿給居里夫人看。

他說：「我們可以有兩種處理方式。把我們的實驗結果公諸於世，或是拿鐳的精製法去登記專利。要是把鐳當做我們的所有物，把精製的技術拿去登記專利權，當我們年老了，孩子們可就有一筆莫大的財富了。」

居里夫人沉思了一會才說：「可是，我覺得不能登記專利。」居里夫人從小在貧苦的家庭長大，她的學業是靠做家庭教師完成的。貧窮的滋味，她比任何人都清楚。

可是，她卻不想藉這次發明而成為富人。她斷然地說：

「登記專利豈不違背了科學研究的精神？鐳這個東西，對疾病的治療大有用處，我們應該讓全人類獲得這個好處，絕不能只為個人的利益著想。」

居里先生點了點頭：「不錯，」他頓了一下：

「登記專利就財源滾來，只讓我們成為富人，享受富裕之樂——這的確不合乎科學研究的精神。」

他們夫妻就這樣視富裕如浮雲，在不到十五分鐘的時間內，就決定了這一件大事。一九〇三年，她獲得諾貝爾物理學獎。當她領到那一筆獎金，把其中的大部份都送給貧苦的親戚和窮人。

《無量壽經》說：「植眾德本，不計眾苦，少欲知足，專求白法，惠利群生。」

智者少欲知足，不知足的人常苦，身心都苦，知足的人常樂。人生的真理，藏在平淡無味之中。

世上多的是只要能夠賺錢，管他是什麼殺人武器，毫不考慮地把自己研究得來的結果，以鉅額的代價出售的人。與此相比，居里夫人這種為全人類著想的行為，可真是太偉大了。

【正能量感悟】

「吃得苦中苦，方為人上人。」只有真正嘗過生活的酸甜苦辣，才會知道東西得來不易，什麼東西值得珍惜。

79. 大卡片

——謀殺案餘波

有一年，在義大利羅馬市發生了一件謀殺案。一位警官在巡邏時，發現一個形跡可疑的男人。那個人，走在路上，不斷左顧右盼，畏首畏尾，簡直就是嫌犯那種模樣。

警官立刻跑了過去，問他：

「喂，喂，您是哪裏來的？」

那個男人不發一言，只顧傻傻地望著他。警官又問：

「您在這裏幹什麼？是不是在找人？」

形跡可疑的人還是緘口不言。

警官覺得此人實在大有問題，就向他發出一連串的問題。那個男人還是吞吞吐吐地說不出半句話來。當警官覺得必須帶他到警局審問的時候，那個男人，突然把手插進上衣裏面。

警官早就警惕在先，認為對方是兇嫌無疑，於是，身子一閃的同時，拔出手槍，朝著他開了一槍。

那位警官，平時就以神槍手聞名，這一槍，當然彈無虛發，一剎那之間，那個男人就手掩著胸口，仆倒在地，不一會就一命嗚呼。當警官把他的手拉出來，不禁驚叫一聲。他的手裡緊抓著一張大卡片。

上面寫著：「我是個啞巴，我不會說話，請多照顧。」

那是他的母親特地為他而寫的卡片。

《賢愚經》說：「常行為慈心，除去恚害想，大悲潛眾生，矜傷為兩淚。」

意即，常常發慈善心，可以根除憤恨的思想；悲憫眾生，傷心的流下眼淚。

對人恭敬，就是在莊嚴你自己。請不要刻意去猜測他人的想法，如果你沒有智慧與經驗的正確判斷，通常都會有錯誤。

【正能量感悟】

硬把單純的事情看得很嚴重，你會很痛苦。

要充實智慧，一定要放棄執著與偏見。

80. 心暖欲哭

——賣報少年的遭遇

一個冷意徹骨的冬天晚上。有個少年站在紐約市的街角賣晚報。買晚報的人，幾乎沒有。每個路人都瑟縮著頭，微彎著身子，從他身邊急步而過。

這裏是紐約的鬧街。人來人往，熙熙攘攘，就是沒有人把那個少年的「晚報……晚報！」的喊叫，放在心裏。這時候，有一位牧師偶然走過那裏。

牧師停了腳步，問他：

「小朋友，你冷不冷呀？」

少年注視了牧師慈祥的眼光一會，才答說：

「我原是冷得渾身發抖，可是，現在已經覺得很溫暖，因為您關切的問話，使我感到心暖欲哭咧。」

牧師欣慰的說：

「噢？那太好了，保重身體呀，再見！」

「謝謝您，再見！」

牧師的背影愈走愈遠，但是，那個少年還站在那裏一直目送他。

《壇經》說：「世人外迷著相，內迷著空；若能於相離相，於空離空，即是內外不迷。」

每個人心中都有一把鎖，鎖住了太多無法解開的心結。而這把鎖的鑰匙只掌握在自己的手裡。擁有一顆快樂的心，見到的就是一個值得歡欣的世界，心中若果滿足快樂，哪怕身在牢獄茅廁，一樣可以悠然自在。

愛你自己，同時不要忘記愛人；不能愛人的人，決不能理解自己的意義。若要獲得別人的愛，必先要去愛人。

【正能量感悟】

內心的強大，永遠勝過外表的浮華。一個微笑，一個簡單的動作，一句發自內心的問候，可能因此幫助別人走出困境。

歡迎至本公司購買書籍

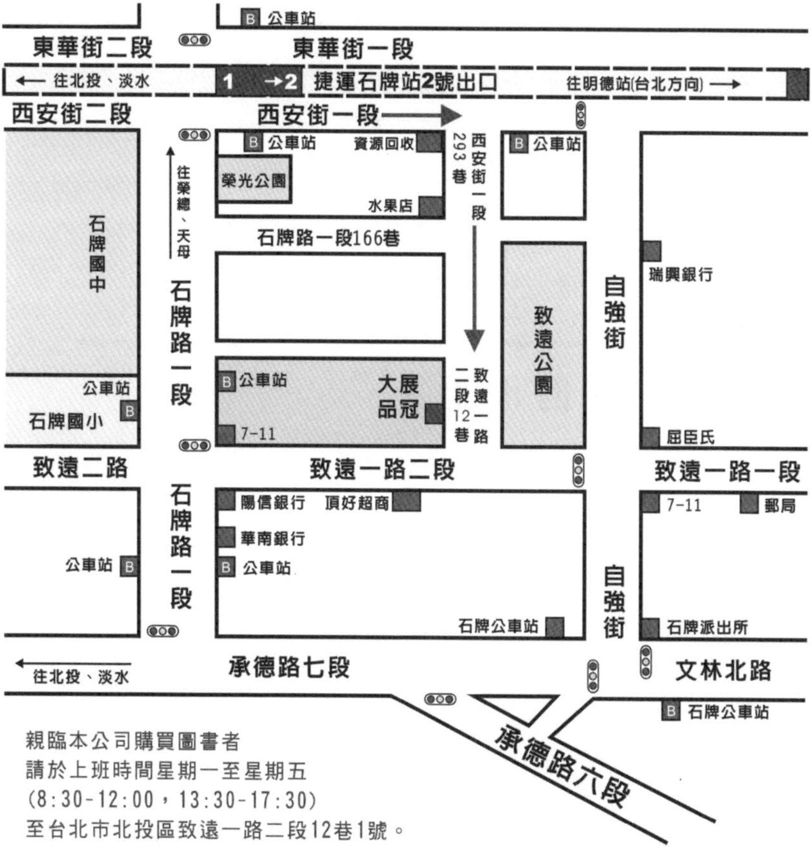

親臨本公司購買圖書者
請於上班時間星期一至星期五
(8:30-12:00，13:30-17:30)
至台北市北投區致遠一路二段12巷1號。

建議路線

1. 搭乘捷運

淡水信義線石牌站下車，由月台上二號出口出站，二號出口出站後靠右邊，沿著捷運高架往台北方向走(往明德站方向)，其街名為西安街，約80公尺後至西安街一段293巷進入(巷口有一公車站牌，站名為自強街口，勿超過紅綠燈)，再步行約200公尺可達本公司，本公司面對致遠公園。

2. 自行開車或騎車

由承德路接石牌路，看到陽信銀行右轉，此條即為致遠一路二段，在遇到自強街(紅綠燈)前的巷子左轉，即可看到本公司招牌。

國家圖書館出版品預行編目資料

扭轉一生的正能量／法信居士 主編
——初版——臺北市，大展，2019[民108.05]
面；21公分——（心靈雅集；84）
ISBN 978-986-346-247-7（平裝）
1.佛教修持 2.生活指導
225.87　　108003381

扭轉一生的正能量

主 編 者／法 信 居 士
責任編輯／艾　力　克
發 行 人／蔡　森　明
出 版 者／大展出版社有限公司
社　　址／台北市北投區（石牌）致遠一路2段12巷1號
電　　話／(02) 28236031・28236033・28233123
傳　　真／(02) 28272069
郵政劃撥／01669551
網　　址／www.dah-jaan.com.tw
E-mail／service@dah-jaan.com.tw
登 記 證／局版臺業字第2171號
承 印 者／傳興印刷有限公司
裝　　訂／眾友企業公司
排 版 者／千兵企業有限公司
初版1刷／2019年（民108）5 月

定　價／250元

大展好書　好書大展
品嘗好書　冠群可期

大展好書　好書大展
品嘗好書　冠群可期